ISC
HIA
AF559174

MARCO POLO TOP-HIGHLIGHTS

ARAGONESERBURG (CASTELLO ARAGONESE) 1
Majestätisch thront die einst 1800 Familien beherbergende Burganlage auf dem Fels

➤ S. 46, Ort Ischia

IL FOCOLARE 2
Slow Food mit Tradition und vom Feinsten im Grün der Inselberge

➤ S. 62, Casamicciola

ARCHÄOLOGISCHES MUSEUM VON PITHECUSA 3
Einen Rückblick auf die Zivilisationen der Griechen und Römer auf Ischia gibt's in der Villa Arbusto

➤ S. 71, Lacco Ameno

SANTA MARIA DEL SOCCORSO 4
Das Wahrzeichen von Forio: Diese Kirche erinnert an alte Zeiten, als die Einwohner noch in See stachen
Tipp: Der Sonnenuntergang hier ist Mainstream. In den Morgenstunden dagegen scheint die Kirche zu strahlen

➤ S. 80, Forio

CANTINE DI PIETRATORCIA 5
Im Weinberg sitzen und eine private Weinprobe bei den renommierten Winzern genießen
Tipp: Mit dem Meer im Rücken und den Weinbergen vor dir hast du einen tollen Blickwinkel auf den Monte Epomeo

➤ S. 84, Forio

GIARDINI POSEIDON 6

In Forio liegt das Aushängeschild der Insel für Kurgäste, Spaliebhaber und Wellnessfans

➤ S. 85, Forio

GIARDINI RAVINO 7

Grüne Oase: Im Kakteengarten kannst du Pflanzen gucken, Schach spielen und auch einen Kaktuscocktail genießen

Tipp: Stell dich hinter einen Donut-Kaktus und lass dich fotografieren

➤ S. 89, Forio

SANT'ANGELO 8

Die nach einem Engel benannte Bucht erweckt Sehnsuchtsgefühle bei echten Ischiafans

Tipp: Stell dich mit Blick Richtung Meer und mach ein Selfie vor einem der hübschesten Fischerdörfer Italiens

➤ S. 96, Der Inselsüden

MONTE EPOMEO 9

Am leichtesten ist der Aufstieg aus Fontana, überwältigend der Rundblick vom Gipfel aus. Ein Insel-Must-Go

➤ S. 100, Der Inselsüden

MARONTI-STRAND 10

Die Inselschönheit: herrlich, dieser 3 km lange, helle Sandstrand (Foto)

Tipp: Vor dem türkisblauen Wasser kannst du dich so in Szene setzen, dass man meint, du warst in der Karibik

➤ S. 102, Der Inselsüden

INHALT

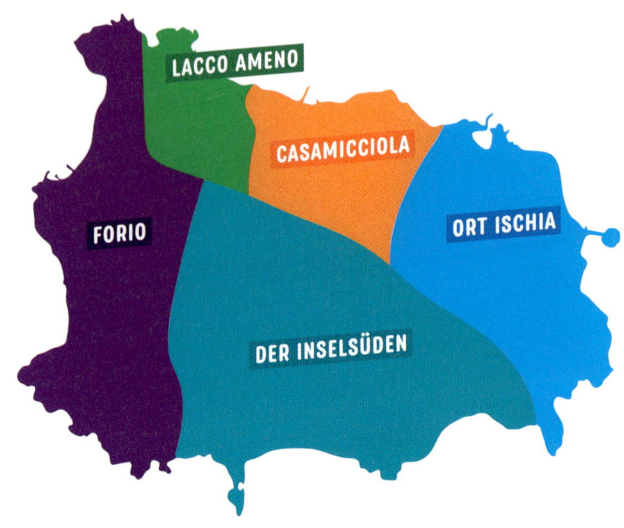

INHALT

BESSER PLANEN
MEHR ERLEBEN!

Digitale Extras
go.marcopolo.de/app/isc

MARCO POLO

DIGITALE EXTRAS

DIGITAL NOCH MEHR ERLEBEN

Schneller in Urlaubslaune kommen.

Perfekt organisiert sein – vor, während und nach dem Urlaub.

Mit der MARCO POLO Touren-App und unseren digitalen Angeboten.

Noch mehr Trendziele, Inspiration und aktuelle Infos findest du auf **marcopolo.de**

Werde Teil unserer Reise-Community und folge uns auf **Instagram** und **Facebook!**

SO EINFACH GEHT'S

1. Website besuchen
2. Die digitale Welt von MARCO POLO entdecken
3. App runterladen und ab in den Urlaub

Alle Infos zum digitalen Angebot unter **marcopolo.de/app**

DAS BESTE ZUERST

Urlaubstraum am südlichsten Zipfel Ischias: die Bucht von Sant'Angelo

BEST OF

BEI REGEN

SCHÖN, AUCH WENN ES REGNET

WASSERSPIELE IM POOL

Es ist sehr entspannend, zuzusehen, wie die Regentropfen sanft auf der warmen Wasseroberfläche verdampfen, wenn du bei Regen im Thermalwasserpool badest, z. B. im *Thermal Park & Spa Aphrodite Apollon*

➤ S. 97, Der Inselsüden

TONKÜNSTLERN ZUSCHAUEN

In zahlreichen Keramikgeschäften gibt es eine Werkstatt im Laden, etwa bei *Franco Calise* in Forio: Schau den Meistern bei der Arbeit zu. Sie brauchen eine ruhige Hand für ihre Kunst und ein gutes Vorstellungsvermögen, denn die Farben ändern sich beim Brennen

➤ S. 84, Forio

BÜCHERWURM SPIELEN

Beim Stöbern in der einzigen Buchhandlung Ischias vergisst du jeden Regen: *Imagaenaria* bietet als Verlag auch deutsche Ausgaben an

➤ S. 50, Ort Ischia

KLÄNGE DER NATUR

Tauch während eines Regenschauers ein in die Welt des englischen Komponisten William Walton: Das *Walton-Museum* liegt noch dazu in der schönsten Gartenanlage Ischias, La Mortella

➤ S. 88, Forio

SÜSSE VERSUCHUNG

Einen Regentag versüßen kannst du mit einer *delizia al limone,* einer Zitronenköstlichkeit, im *Gran Caffè Vittoria.* Beliebt sind auch die *brioches,* süße Hefeteigteilchen, die mit den Eissorten deiner Wahl gefüllt werden (Foto)

➤ S. 48, Ort Ischia

WEIHNACHTSKRIPPE IM SOMMER

Zum Weingut Casa d'Ambra gehört das kleine *Museo Contadino.* Es zeigt altes Bauerngerät, historische Fotografien und zahlreiche Teile einer riesengroßen neapolitanischen Krippe, die in den Gassen von Forio angesiedelt ist

➤ S. 90, Forio

EINE WARME MAHLZEIT

Im Süden der Insel gibt es mehrere heiße Quellen und vulkanisch erwärmte Sandstrände: Bring Eier und Kartoffeln mit, leg sie in der Bucht von *Sorgeto* in eine Wasserkuhle, und nach kurzer Zeit hast du ein warmes Essen

➤ S. 90, Forio

GEPFLÜCKTES KRÄUTERGLÜCK

Wanderwege gibt es überall auf Ischia: Sammle unterwegs ein paar Zweige Rosmarin, Thymian, Oregano (Erntezeit nur Juni/Juli) oder Lavendel und trockne die Pflanzen für dein Gewürzregal zu Hause; besonders schnell fündig wirst du in der Gegend um Barano

➤ S. 37, Sport

HAUSMUSEUM

Zu Gast bei Einheimischen: Das *Casa Museo*, das Museumshaus, zeigt typisch ischitanisches Haushaltsgerät und Handwerkstraditionen. Also schau an der Straße von Serrara Fontana nach Barano bei Signor Salvatore vorbei

➤ S. 99, Der Inselsüden

WARM WIE IN DER BADEWANNE

In der besonders idyllisch gelegenen *Baia di San Montano* in Lacco Ameno (Foto) gibt es kostenpflichtige Strand- und Thermalbäder. Geh durch alle Strandbäder am Uferrand hindurch: Ganz am westlichen Ende des Strands genießt du die Bucht samt einer heißen Quelle kostenfrei

➤ S. 74, Lacco Ameno

WUNDERWASSER

Versteckt hinter der Sakristei der *Chiesa San Ciro* in Ciglio liegt eine Wasserquelle, der heilende Qualitäten nachgesagt werden. Don Pasquale zeigt sie gern nach der Sonntagsmesse (9.30 Uhr); er freut sich über eine kleine Spende für seine Kirche und noch mehr über dein Interesse

➤ S. 98, Der Inselsüden

BEST OF

MIT KINDERN

SPANNENDES FÜR GROSS & KLEIN

ERDKUNDE LIVE ERLEBEN
Die Insel liegt in der Verlängerung von zwei aktiven Vulkangebieten auf dem Festland, dem Vesuv und den Phlegräischen Feldern. Mehrere Krater sind auf Ischia zu sehen, darunter der *Monte Rotaro*. Also auf zu einem Ausflug!
➤ S. 65, Casamicciola

SO MACHEN DAS DIE SEEFAHRER
Ganz schön spannend und ganz schön hart, so ein Leben als Seemann. Von Ischia stammen seit vielen Generationen viele Seefahrer. Interessante Einblicke in ihren Alltag und ihre Arbeitswelt zeigt das *Museo del Mare* in Ischia Ponte
➤ S. 45, Ort Ischia

BAUMEISTER IN BADEHOSE
Baden gehen und Sandspiele organisieren wird noch getoppt durch den Bau von unterschiedlich farbigen Sandburgen: Am *San-Francesco-Strand* baut ihr eine im Farbton Sand, an der *Spiaggia Cava dell'Isola* dagegen, dem einzigen freien Sandstrand der Insel, wird eure Burg vulkanaschegrau
➤ S. 84, S. 85, Forio

REISE INS MITTELALTER
Stell dir vor, es ist Mittelalter und du bist Burgherr oder Burgfräulein im *Castello Aragonese*. Entdecke die riesige Anlage und grusele dich ordentlich im Verlies. Schön schaurig ist auch das Museum der Folterinstrumente
➤ S. 46, Ort Ischia

SCHIFF AHOI
Ganz wie die Matrosen: Schnuppert die salzige Seeluft und lasst euch den Wind um die Ohren wehen, gleich auf der Überfahrt nach Ischia. Am besten geht das auf einer langsamen Fähre. Wer dann noch mal in See stechen will, kann eine Inselrundfahrt machen, z.B. mit *Il Quadrante Viaggi* oder *Ischiabarche*
➤ S. 50, Ort Ischia

BEST OF
TYPISCH
DAS ERLEBST DU NUR HIER

NATURGRÜN
Der inseltypische grüne Tuff macht Ischia zu einer grünen Insel. Mit dem Meer im Rücken blickst du auch auf das Grün der Pflanzen: Mach dir im Gartenparadies *La Mortella* ein Bild von der Vielfalt der subtropischen Natur

➤ S. 87, Forio

KÖSTLICHER REBENSAFT
Ischia ist berühmt für seine trockenen Weißweine, die inseltypische Rebe heißt Biancolella (Foto). Um deinen Lieblings-Urlaubswein zu finden, mach am besten eine Weinprobe, z. B. bei *Cantine di Crateca,* mit Aussicht über die Weinhänge

➤ S. 75, Lacco Ameno

DER FEUCHTE ATEM DES VULKANS
Thermalquellen und Fumarolen findet man überall auf der Insel, die Quellen liegen meist einige Hundert Meter von der Küste entfernt, oft in Schluchten. Zu den eindrucksvollsten Fumarolen gehören die in *Testaccio;* viele der Heilquellen waren schon den alten Römern bekannt, wie etwa die *Sorgeto-Quelle*

➤ S. 100 Der Inselsüden, S. 90 Forio

PRACHTVOLLE PROZESSIONEN
Ischia feiert seine Schutzpatrone alljährlich mit beeindruckenden Meeresprozessionen. Die schönste findet im Juli in Ischia Ponte zum *Fest der heiligen Anna* statt; das Feuerwerk am Schluss geht richtig ab

➤ S. 52, Ort Ischia

LOKALER LECKERBISSEN
Das Kaninchen nach Jägerart, *coniglio alla cacciatore,* wird im Tontopf gegart und ist das Lieblingssonntagessen der Insulaner. Das Gericht gibt's in so gut wie jedem Lokal mit ischitanischer Küche. Besonders lecker schmeckt es bei Familie D'Ambra im *Focolare* oberhalb von Casamicciola

➤ S. 62, Casamicciola

SO TICKT ISCHIA

Im botanischen Garten La Mortella speit die „Bocca" den Seerosen Wasser

ENTDECKE ISCHIA

Ischia Porto voraus! Grün und bergig präsentiert sich die Insel bei der Anreise

Die Griechen haben viel Geschmack bewiesen, als sie vor über 2700 Jahren die Insel Ischia wählten, um ihre erste Kolonie in Italien zu gründen. Wellness in Form von Thermalwasser ist hier ein Geschenk der Natur, die traumhaften Strände und ein türkis glitzerndes Meer sind es ebenso wie der fruchtbare Vulkanboden und die atemberaubenden Ausblicke überall.

URLAUBSERINNERUNGEN, DIE BLEIBEN

Es ist herrlich kühl in dem kleinen Wald in Lacco Ameno, bergab geht es, Zikaden zirpen, der blaue Himmel schimmert durch die Baumkronen – und plötzlich liegt sie da, diese herrliche Meeresbucht mit ihrem flachen Sandstrand und den begrünten Tuffwänden rechts und links. Dieses Bild von Ischia („Iskia" ausgesprochen) wird dir im Gedächtnis bleiben, zusammen mit vielen tollen anderen: schö-

Jungsteinzeit (um 3500 v.Chr.) Älteste Spuren prähistorischer Menschen

770 v.Chr. Griechen gründen Pithekoussai (Pithecusae), heute Ischia

29 v.Chr. Kaiser Augustus gibt Ischia im Tausch für Capri ab

558 Byzanz erobert Ischia

1134 Ischia wird normannisch

1194–1265 Herrschaft der Staufer

1302 Letzter Vulkanausbruch auf Ischia (Colata dell'Arso)

ne Strände, herrliche Pinienwälder, Vulkankrater, Fischer- und Bergdörfer … Diese Insel hat unzählige Facetten.

MIT VULKANPOWER

Die Felsen der Insel, mal aus ockergelbem, mal aus grünem Tuff, und die gepressten Gesteinsschichten erzählen, wie Ischia und die Nachbarinsel Procida entstanden sind: Vor etwa 33 000 Jahren stieg Magma aus dem Erdinneren auf und hob den Deckel der Magmakammer über den Meeresspiegel hinaus. Durch diesen gigantischen Kraftakt der Natur bildete sich die 46,3 km² große Insel, die seitdem den Golf von Neapel nach Norden abschließt. Das einstige Kochen und Brodeln unter der Insel (der letzte Vulkanausbruch war 1302) ist bis heute an mehr als 40 Stellen sichtbar: Besonders spektakulär sind der Vulkankrater vom Monte Rotaro im Nordosten und der Krater Vatoliere im Osten Ischias. Wo es kocht und brodelt, kann es auch mal wackeln: Erdbeben gab es auf Ischia immer wieder. Zuletzt verursachte ein leichteres Beben der Stärke 4 im Sommer 2017 eine Menge Schäden vor allem an alten, noch nicht erdbebensicher gebauten Häusern.

HEISSE WELLNESSQUELLEN

Die vulkanischen Kräfte tief unter der Erde lassen überall auf der Insel heiße Quellen aufwallen – mal am Strand, mal in den Bergen, mal über einem Felsplateau am Meer oder versteckt in einer tiefen Schlucht. Diesen Thermalquellen verdankt Ischia seine Besonderheit. Rund um die wichtigsten sind traumhaft schöne Gärten und Parks entstanden. Die Heilwässer und Dampfbäder, Sand-

1538 Eine Badekultur entwickelt sich

1707–34 Österreichische Herrschaft

1815–60 Herrschaft der Bourbonen

1861 Das Königreich Neapel und Ischia kommen zu Italien

ab 1950 Lacco Ameno wird zu einem Ferienziel des internationalen Jetsets

2017 Erdbeben in Casamicciola

2022 Procida ist italienische Kulturhauptstadt

und Fangopackungen kurieren schon seit Jahrtausenden Leiden vieler Art. Thermalwasserquellen sind Wellness für den Körper und inmitten dieser paradiesisch anmutenden Natur gleichzeitig Balsam für die Seele. Vielleicht war die Heilkraft der Quellen also auch ein Grund für die Griechen, hier unter dem Namen Pithekoussai um 770 v. Chr. eine erste Siedlung in Italien zu gründen.

WO HOLLYWOOD URLAUB MACHTE

Ein touristischer Hotspot war Ischia im 19. Jh. Der europäische Adel kurte hier gerne, bis ein schweres Erdbeben im Juli 1883 den berühmtesten Kurort der Insel, Casamicciola Terme, fast komplett zerstörte. Danach fiel Ischia in eine Art Dornröschenschlaf, erst in den 1950er-Jahren war der Kurtourismus auf einmal wieder angesagt: Der Inselort Lacco Ameno wurde über Nacht zum Reiseziel des internationalen Jetsets. Dahinter steckte der Mailänder Verleger und Tausendsassa Angelo Rizzoli, der sich in das beschauliche Fischerdorf verliebt hatte. Das von ihm gebaute erste Nobelhotel der Insel, L'Albergo della Regina Isabella, zog Stars wie Maria Callas, Elizabeth Taylor und Richard Burton an. Schnell entstanden weitere Hotels und Restaurants, Ischia bekam ein elegantes Image.

Ab den 1960ern entdeckten auch deutsche Kurgäste die Heilquellen. Forio und Sant'Angelo waren bis in die 1970er-Jahre die gefragtesten Ferienorte, hier hörst du die Einheimischen immer noch Deutsch sprechen und Deutsch wird auch an den Schulen unterrichtet. Zu den bekannten Stammgästen zählte Angela Merkel. Heute zieht die Insel über 600 000 Besucher aus aller Welt an, fast ein Drittel der Touristen kommen aus Deutschland, Österreich und der Schweiz.

VERSCHNARCHTER KURBETRIEB? LÄNGST NICHT MEHR!

Ischia ist das ideale Ziel für alle, die sich in südlichem Ambiente erholen und zwischendrin etwas erleben möchten: Die sechs Gemeinden der Insel – Ischia Porto/Ponte, Casamicciola, Lacco Ameno, Forio, Serrara Fontana mit Sant'Angelo und Barano d'Ischia mit dem berühmten Maronti-Strand – verdienen alle mehr als einen kurzen Besuch. Seien es die Fischer in Sant'Angelo, der Barbesitzer in Ischia Ponte oder die Weinbauern oberhalb von Forio: Ihre Aufmerksamkeit und Freundlichkeit machen den Urlaub unvergesslich. Der höchste Inselberg Monte Epomeo lockt wiederum mit Dutzenden Wanderwegen. Lass dich überraschen von der Isola verde, der grünen Insel, die durch ihre subtropische Natur fasziniert: Vom Frühling bis tief in den Herbst grünt und blüht es überall, mal riecht es nach Jasmin und Rosmarin, mal nach Pinien, Orangen- und Zitronenblüten. Miete dir am besten einen Roller, lass den quirligen Verkehr hinter dir und fahr die Serpentinenstraßen hinauf in die verschlafenen Dörfer bei Barano d'Ischia oder Serrara Fontana. Wenn du dann über die Insel aufs Meer schaust, nimm die Natur im Herzen mit! Ischia? Das ist eine herrlich mediterrane Insel mit ganz großem Potenzial.

INSIDER-TIPP
Auf zwei Rädern losdüsen

AUF EINEN BLICK

70 000
Einwohner

Rügen: 63 000

8 m

höchster Kaktus der Insel
Kandelaberkaktus in der Gartenanlage Ravino

23 192
Übernachtungsbetten

Sylt: 35 800 Betten

Castello Aragonese
beliebteste Sehenswürdigkeit

rund 65 000 Besucher jährlich

Schloss Nymphenburg, München: ca. 300 000

HÖCHSTER BERG: EPOMEO
789 m

Hohe Acht (Eifel): 746 m

BELIEBTESTER REISEMONAT

AUGUST

13 NATÜRLICHE THERMALWASSERQUELLEN

in denen schon die alten Griechen gebadet haben

46 km² Fläche

so viel wie Amrum (20,4 km²) und Norderney (26,3 km²) zusammen

20 WASSERTAXIS
sind rund und um Sant'Angelo und Ischia Porto unterwegs

2 MIO.
Flaschen Wein werden jährlich produziert

ISCHIA VERSTEHEN

ABGETAUCHT

Pithecusa (Pithekoussai) hieß die Insel, als die Griechen sie besiedelten. Den Namen Aenaria bekam sie unter den Römern. Der Ursprung dieses Namens wird gern der mythischen Figur des trojanischen Helden Äneas zugeschrieben, allerdings geht er eher zurück auf das lateinische Wort *aenum*, was Bronze bzw. Metall bedeutet. Tatsächlich gab es hier in der Römerzeit eine kleine Hafenstadt, in der natürlich auch Metallgegenstände hergestellt wurden, die Reste liegen auf dem Meeresgrund bei den Santa-Anna-Klippen vor Ischia Ponte. Unter Wasser liegt Aenaria heute (s. S. 47), weil Ischia, wie die ganze Nordseite des Golfs von Neapel, jährlich um 3 mm absinkt. Das ist nicht viel, aber in Jahrtausenden …

FARBKLECKSE

Egal zu welcher Jahreszeit: Auf Ischia blüht und duftet immer irgendeine Blume. Zitronen und Orangen leuchten überall aus dunklem Grün, ebenso wie das fröhliche Pink und Rot der Oleanderbüsche und des Hibiskus. Glyzinen (Blauregen), Klematis und knallige Bougainvilleen überfluten die Hauswände und Terrassen mit fröhlichen Farbtupfern; Erika, Rosmarin, Oregano und Myrte riechen betäubend im Sonnenschein. Die Agaven werden auf Ischia riesig, Opuntienkakteen klammern sich überall an die Felsen – gelborange leuchten ihre Früchte, die Kaktusfeigen. Im April dominiert der goldgelbe Ginster. Immergrün scheint die Insel zu sein durch ihre Palmen und Bananenbäume, die Steineichen-, Kastanien- und Pinienwälder. Botanikfans finden an den Felswänden der Schluchten seltene Farnsorten. Das Tropengras Cyperus polystachyus wächst in Europa übrigens nur auf Ischia.

HOT STUFF

Macht Spaß und tut richtig gut: Fango! Mit heißem Thermalwasser wird der dunkelgraue Vulkanschlick angerührt und als Therapie gut zehn Zentimeter dick auf die Haut aufgetragen, bis du wie versteinert aussiehst. Da kommt der Stoffwechsel auf Trab und heilende Kräfte können sich entfalten. Fango soll auch bei Gelenkschmerzen Linderung bieten.

Die Fangopackungen vom Maronti-Strand enthalten anscheinend besonders viel Radon. Das farb-, geruch- und geschmacklose Edelgas entsteht durch natürliche Radioaktivität und soll das Immunsystem hochfahren können. Marie Curie, die Physik-Nobelpreisträgerin, entdeckte das Edelgas während einer Kur 1918 in Lacco Ameno.

'NDREZZATA & U'PUNTON

So heißen im Ortsdialekt die beiden Folkloretänze uralter Tradition, die in Buonopane, einem Ortsteil von Barano, weiterleben. Die vom Vater an den Sohn weitergegebene 'ndrezzata (aus *intrecciata,* „Verflechtung") ist eine Art Schwerttanz , bei dem es den Männern um eine begehrte Frau geht: Neun Tänzerpaare – nur Männer, alle mit roten Jacken, weißen Kniebundhosen und roter bzw. weißer Zipfelmütze ausgestattet sowie je mit einem Holzschlegel und -säbel in den Händen – formen zwei konzentrische Kreise. Symbolisch kämpfen sie gegeneinander und bewegen sich in immer schneller werdendem Tempo, angefeuert von Tamburin- und Klarinettenrhythmen.

U'Punton wird, ebenfalls mit Stöcken, zu den Klängen von Blasinstrumenten getanzt. Die Tänzer imitieren dabei das Feststampfen der Dachkuppel – nach der uralten Sitte der nachbarlichen Hilfe beim Hausbauen.

Traditionell getanzt wird am Abend des Ostermontags in Buonopane; gefragt sind die Tanzgruppen heute vor allem für einen besonderen Auftritt auf einer Hochzeit oder bei Jubiläen. In der Gemeinde Barano zeigt ein 2011 von den Meistern der Werkstatt Kèramos gemaltes Keramikwandbild unter anderem diesen Folkloretanz.

WASSERADERN

Fließendes Wasser gibt es auf der Insel erst seit 1958: Seitdem leiten zwei Rohre auf dem Meeresboden Trinkwasser vom Festland auf die Insel. Damals war es höchste Zeit, die herrschende Zisternenwirtschaft abzulösen: Flüsse gibt es keine auf Ischia, und das trinkbare Quell- und Regenwasser reichte bei Weitem nicht mehr. Auf die Bedeutung der damals weltweit ersten Trinkwasserpipeline mit einer Länge von gut 11 km weisen die Gedenktafel an

Die roten Zipfelmützen gehören traditionell dazu: Hier wird 'ndrezzata getanzt

Santa Maria di Visitapoveri in Forio, eine von vielen frisch rausgeputzten Inselkirchen

der Ponte Aragonese und der Springbrunnen bei der Kirche Spirito Santo in Ischia-Stadt hin. Den Brunnen schuf der bekannteste Bildhauer Ischias, Antonio Mascolo.

KIRCHENBOOM

Die Zeit der malerisch dahinwelkenden Kirchen mit abblätternden Fassaden ist auf Ischia vorbei. Wo nicht bereits renoviert wurde, ist man gerade dabei. Den größten Teil der Kosten und der Arbeit tragen die Gläubigen selber. Die Fassaden sind in frischen Pastelltönen neu gestrichen, der reiche Barockstuck wurde erneuert – Ischias Kirchen erstrahlen in neuem Glanz. Das war und ist eine Menge Arbeit, denn auf der ganzen Insel stehen fast 100 Kirchen und Kapellen. Die meisten davon hat Forio: 18 Gotteshäuser laden hier Gläubige zum Gebet.

AMORE

In den 1970er-Jahren liebten es die Deutschen, nach Ischia zu fahren. Zusammen mit den Kurgästen, die die deutschen Krankenkassen damals zuhauf in die Thermalanlagen überwiesen, reisten auch gern junge, unabhängige deutsche Frauen an, die Lust auf einen Traumurlaub am Mittelmeer hatten. Als Alleinreisende fühlten sie sich auf der Insel sicher vor brustbehaarten, goldbeketteten *Papagalli* wie in Rimini. Unterschätzt hatten sie nur die „Gefahr" der Liebe. Viele von ihnen machten die Insel nach dem Urlaub zu ihrer neuen Heimat und starteten als geschätzte Ehefrau eines Ischitaners durch. Zeitweise lebten etwa 1000 deutsche Frauen auf Ischia, was in den 1990ern bei einer Inselbevölkerung von etwa 50 000 Menschen immerhin zwei Prozent ausmachte.

Rund 200 deutsche Frauen leben heute auf der Insel, aufgrund ihrer Mehrsprachigkeit sind sie sehr gefragt im Tourismusgeschäft. Deutsche Traditionen pflegen sie in Treffen untereinander, die sehr aktive evangelische Kirche in Forio unterstützt sie dabei.

STEINPUZZLE

Parracine heißen auf Ischitanisch die oft jahrhundertealten, robusten Trockenmauern aus groben Lava- oder Tuffsteinen. Es funktioniert wie beim Puzzlelegen: Die Tuffsteine der Mauern sind ineinander verhakt. Ganz ohne Mörtel muss diese Technik auskommen. Dahinter steckt eine Heidenarbeit, und Geduld ist auch gefragt, schließlich müssen die Steine sorgfältig ausgeguckt und von Hand aufeinandergeschichtet werden. Achte ruhig mal auf diese unscheinbaren bautechnischen Meisterwerke am Wegrand, die inselweit Weinbergterrassen stützen, Hohlwege säumen oder Grundstücke begrenzen.

INSELTRAUM

Inseln sind Orte der Sehnsucht: Auf Ischia haben viele Künstler, Schriftsteller, Musiker und Prominente ihr Glück gesucht und gefunden, manche auf Zeit, manche auf Dauer. Henrik Ibsen schrieb 1867 in Casamicciola an seinem Stück Peer Gynt. Elsa Morante (1912–85) ließ sich immer wieder aufs Neue von Ischia inspirieren, nach der Schriftstellerin ist ein namhafter Literaturpreis benannt, den Procida ausschreibt. Sir William Walton, englischer Komponist, schuf sich in seinem Garten in Forio ein Paradies (s. S. 87),

KLISCHEE KISTE

VERSCHNARCHTE INSEL?!

Nachdem die Krankenkassen Kuraufenthalte aus ihrem Leistungskatalog gestrichen hatten, fühlten sich die Ischitaner herausgefordert. Wellness ist nach wie vor ein großes Thema, aber heute führen die Insulaner ihre Gäste auch auf Trekkingtouren über den Epomeoberg, lassen sie auf Weingütern schlemmen, bringen sie in Booten zu abgelegenen Traumstränden oder in abenteuerliche Canyons und faszinieren jeden Abend in einer anderen Gemeinde mit einem Livemusikprogramm. Es ist kein Action-Urlaub, aber aus dem verstaubten Kurort ist eine klasse Insel geworden, deren Magie es zu entdecken gilt – am besten unterwegs mit den Ischitanern!

ITALIENISCHE VERHÄLTNISSE

Stimmt schon, in Süditalien herrscht ein anderer Lautstärkepegel, es scheint etwas chaotisch zuzugehen. Auch auf Ischia flitzen gleich bei der Ankunft in Ischia Porto die Scooter durch die Gassen und es wird gehupt, du fühlst dich gleich wie mittendrin. Ischia ist aber auch eine sehr organisierte Insel, der Einfluss der zahlreichen hier lebenden Deutschen ist spürbar: Pünktlichkeit wird großgeschrieben, auch die Insulaner lieben die Ruhe, wie in Lacco Ameno und Sant'Angelo. Ischia ist dennoch herrlich süditalienisch – freu dich drauf!

das heute eine der Hauptsehenswürdigkeiten der Insel ist. Der chilenische Literaturnobelpreisträger Pablo Neruda (1904–73) fand hier 1952 ein Exil, und deutsche Maler um Eduard Bargheer (1901–79) malten ihr Forio und ihr Sant'Angelo in den 1950er- bis 1970er-Jahren immer wieder aufs Neue.

RAMPENLICHT

Um das ganz große Kinogefühl geht es jeden Sommer, wenn Ischia im Juli gleich zweimal den roten Teppich ausrollt. Glamour, Stars und Sternchen: Beim *Ischia Global Film and Music Fest (ischiaglobal.com)* spielen vor allem die angereisten Hollywoodgrößen eine Rolle; in den letzten Jahren kamen u. a. Mira Sorvino, Antonio Banderas, Helen Mirren, Christoph Waltz und Jacqueline Bisset. Das *Ischia Film Festival (ischiafilmfestival.it)* dagegen stellt die Locations der gezeigten Filme in den Mittelpunkt und verwandelt das Castello Aragonese in einen Kinoplaneten: vor mittelalterlicher Kulisse und mit Blick aufs Meer gibt es endlos Filme zu gucken. Wundere dich nicht, wenn du nicht nur auf der Leinwand, sondern auch neben dir plötzlich Filmstars wie z. B. John Turturro oder Maria Grazia Cucinotta entdeckst: Die Stars mischen sich bei diesem Festival besonders gern unters Publikum. Die seit 2003 verliehenen Preise finden mittlerweile international Beachtung.

VULKANTROPFEN

Im Weinparadies Italien gibt die Vulkanpower des fruchtbaren Inselbodens jeder Ischia-Weintraube noch mal einen ganz besonderen Drive. Nur auf dieser Insel wachsen die typischen weißen Rebsorten Biancolella und Forastera sowie der *Per'e Palummo,* wie die Insulaner klangvoll den Wein aus der roten Traube Piedirosso nennen. Auf den Tisch kommt auf Ischia am liebsten *il bianco* – von ihm bauen die ischitanischen Weinbauern drei Mal so viel an wie vom Rotwein. Die meisten Weinberge liegen an steilen Hängen. *Angeli matti,* verrückte Engel, nennen die Winzer vom Festland deshalb gerne ihre Kollegen, die – waghalsig unterwegs von Rebe zu Rebe – fast alles in Handarbeit erledigen müssen. Die Strapazen haben sich schon früh gelohnt: Der ischitanische Weißwein war einer der ersten Weine, die 1966 das italienische Gütesiegel DOC bekamen. Und zuletzt hat es der Weißwein Kalimera des Weinguts Cenatiempo als einziger süditalienischer Wein in die Topliga der 50 besten Weine der Welt geschafft. Salute!

SAMMLER STATT JÄGER

Im späten 18. Jh. kam der neapolitanische Bourbonenkönig regelmäßig im Frühjahr und Herbst auf die Insel, um Wachteln zu jagen. Der Zugvogel scheint seit geraumer Zeit seine Route geändert zu haben, jedenfalls zeigt er sich heute nur noch selten. Zudem haben die jungen Ischitaner mit der Jagd nichts mehr am Hut. Stattdessen sind sie im Herbst auf der Suche nach schmackhaften Pilzen: Gesammelt werden in den Wäldern Montagnone, Cretaio sowie an den Hängen des

In der Weinkellerei Pietratorcia: Mal checken, was Ischias guter *vino* macht

Monte Epomeo im Oktober bevorzugt *funghi porcini,* Steinpilze. Die Ischitaner nennen sie im Dialekt *cap' nir,* nach ihrem dunklen Kopf. In Öl eingelegt, kommen sie den Winter über als Vorspeise auf den Tisch, frisch zubereitet sind sie eine Köstlichkeit als Beilage oder als Sauce zu Fettuccine-Nudeln. Finden lassen sich die kostbaren Pilze bevorzugt an Nordhängen, in Kastanien-, Eichen- oder Pinienwäldern. Dabei ist beim Sammeln äußerste Vorsicht geboten, denn es gibt auch ähnliche giftige Exemplare!

HEILWASSER

In Europa ist Ischia das Gebiet mit den meisten Thermal-Mineralquellen. Aus diesen Quellen sprudelt zwischen 20 und 99 Grad warmes Wasser. Nicht weniger als 103 Quellen entspringen den 29 sogenannten hydrothermalen Becken. Außerdem gibt es 69 *campi* („Felder") mit Fumarolen, also Stellen, an denen heiße Wasserdämpfe ausströmen.

Die Thermalkuren auf Ischia helfen vor allem bei rheumatischen Entzündungen und Arthrose, bei der Wiederaktivierung der Gelenke infolge von Unfällen oder Sportverletzungen. Auch Hauterkrankungen, gynäkologische Probleme und Entzündungen im Unterleib werden mit Thermalwasserspülungen erfolgreich behandelt. Die Inhalation der Dämpfe lindert Erkrankungen der Atemwege.

Obwohl schon die Griechen und Römer die Thermen von Ischia genutzt hatten, waren sie für Jahrhunderte in Vergessenheit geraten. Ein Arzt aus Neapel, Giulio Iasolino, schrieb 1588 eine Abhandlung über Ischias Heilquellen, die die Insel schlagartig (wieder) bekannt machte und noch heute wissenschaftliche Gültigkeit hat.

Wo die Zitronen wachsen ... sind sie die Aromenstars in Desserts und Likören

MONCELLO
poco zucchero
50Cl.e
ISCHIA

ESSEN & TRINKEN

Frischer Fisch, in mineralienreicher Vulkanerde gewachsenes Gemüse und ein köstlicher Wein machen Ischia zu einem Hotspot für Gourmets. Die Ischitaner sind stolz auf ihre Küche, und sie haben allen Grund dazu. Abwechslungsreich, meist leicht und lecker sind die typischen Gerichte der Insel, die oft auch als die gesunde Mittelmeerdiät gepriesen werden: Auf den Tisch kommen auf vielerlei Arten zubereitetes Gemüse, dazu Nudeln und Reis, Fisch, Meeresfrüchte und mageres Fleisch.

IN ALLER MUNDE

Wer unterwegs auf Ischia die Ohren spitzt und den Leuten im Alltag zuhört, bekommt das Gefühl, als drehte sich bei ihnen im Leben alles nur ums Essen. „Was isst du heute?" und „Was hast du gestern gegessen?" hört man ständig; eine plötzlich entdeckte gemeinsame Vorliebe für eine neue Pizzeria oder einen Teller Nudeln mit Bohnen *(pasta e fagioli)* kann die Einheimischen dermaßen ins Schwärmen bringen, dass einem allein vom Zuhören das Wasser im Mund zusammenläuft.

TÄGLICHER GENUSS

Was essen die Ischitaner denn nun? Das Frühstück fällt meist mager aus: Zum *cappuccino* oder *caffè* gibt es, wenn überhaupt, in der Bar ein Croissant *(cornetto)* oder eine Brioche aus Hefeteig. Dafür werden beim Mittag- und beim Abendessen mehrere Gänge aufgefahren. In der Regel gilt: Wer mittags einen *primo,* also ersten Gang isst, entscheidet sich abends nur für den Hauptgang, oder umgekehrt. Ein Festmenü dagegen besteht aus Vorspeise *(antipasto),* einem ersten Gang, also einem Nudel- oder Reisgericht, dem Hauptgang *(secondo)* mit Fleisch/Fisch und Gemüse/Salat und einem

Wie eine Italienflagge auf dem Teller: Gnocchi alla sorrentina (li.)

Dessert *(dolce)*. Für Italiener ist es übrigens ganz normal, dass das Gedeck mit Brot extra berechnet wird.

REGIONALE KOST, PER FAVORE

Ischitaner setzen auf regionale Zutaten, und viele Restaurants werben mit Gemüse und Obst „a km zero" – aus lokalem Anbau. Frag den Kellner unbedingt stets nach dem Tagesgericht, je nach Saison ändert sich das Menü.
Im Frühsommer schmecken wilder grüner Spargel *(asparagi verdi)* oder Artischocken *(carciofi)* einfach köstlich, genau wie frische Erbsen *(piselli)* im Sommer. Ebenso die weißen Bohnen *fagioli spollichini* oder Saubohnen *(fave)*, die ordentlich gepfeffert und zusammen mit Olivenöl besonders gut roh schmecken.
Im frühen Herbst bekommst du auf einem Spaziergang durch die Mischwälder am Monte Rotaro Lust auf frische Pilze: Frag dann im Restaurant nach Tagliatelle mit Steinpilzen *(ai funghi porcini)* oder Gerichten mit Kaiserling *(ovolo buono)* oder Parasol *(mazze di tamburo)*. Länger ist die Saison dagegen für Brokkoli, Auberginen *(melanzane)*, Zucchini und Mangold *(bietola)* – und das ganze Jahr über gibt es, wenn auch nicht aus lokalem Anbau, den würzigen und typisch neapolitanischen Stängelkohl *friarielli*. *Salsicce e friarielli*, Schweinswürste mit Stängelkohl, wird vielleicht auch dein Lieblingsgericht, die Ischitaner jedenfalls sind ganz verrückt danach.

INSELHIGHLIGHTS PROBIEREN

Aus der guten alten Bauernküche stammen Gerichte mit kleinen, grünen Schnecken *(maruzze)* – eine nicht einfach zu findende, echte Delikatesse. Das absolute Highlight der ischitanischen Küche ist aber der ⚑ Kaninchenbraten: Das *coniglio alla cacciatore* (Kaninchen nach Jägerart) wird mit Knoblauch und kleinen Pfefferschoten angebraten, mit Weißwein abgelöscht und für etwa eine Stunde in seinem Sud mit einer Vielfalt an frischen Kräutern gegart.

INSIDER-TIPP
Feines für Fischfans

Pesce azzurro heißen fangfrische kleine Fische (Heringe, Sardinen), zu denen auch die köstlichen Sardellen *(alici)* zählen. Goldbrasse *(orata)* und Seezunge *(sogliola)*, Miesmuscheln *(cozze)* und Venusmuscheln *(vongole veraci)* stammen meist aus Aquakulturen. Meerbarbe *(triglia)*, Krake und Tintenfisch *(polpo, calamaro, seppia)* dagegen aus freiem Fang.

Der Mozzarella aus Büffelmilch für die beliebte *insalata caprese* kommt vom Festland, ebenso wie die beliebten Käsesorten *provolone, scamorza* oder der Schafskäse *pecorino*. Manch ein Restaurant bietet Letzteren mit einer hausgemachten Orangen- oder Zitronenmarmelade an.

SÜSSE VERSUCHUNGEN

Kein Festgelage endet ohne sie: Süße Köstlichkeiten gehören zum Dolce Vita auf Ischia dazu. Nichts geht über eine ofenfrische Mürbeteig- oder Blätterteigtasche *(sfogliatella frolla* oder *riccia)* mit einer gesüßten Ricottafüllung. Reich ist die Auswahl an Kuchen und süßen Teilchen, überall gibt's einen Obstkuchen nach Großmutters Art *(torta della nonna)*, und im Frühjahr ist der Osterkuchen *pastiera* mit einer körnig-cremigen Weizenfüllung ein Muss. Für die Ischitaner sind auch zuckersüße, cremige Torten ein Hochgenuss.

TIEF INS GLAS GESCHAUT

Zu einem italienischen Essen gehört ein guter Rebensaft. Ischias aus Vulkanerde gewachsene Weine können richtig überraschen, so erlesen ist heute die reiche Auswahl an lokalen Rot- und Weißweinsorten. Weiß dominiert ganz klar: leicht, trocken, würzig und strohgelb kommen die Spitzenweine daher. Sie heißen Forastera und Biancolella und sind ein Gedicht nicht nur zu Fisch. Kein Wunder also, dass es ein Biancolella-Wein (Kalimera) schon mal in die Top 50 der besten Weine der Welt geschafft hat. Der preiswertere Ischia Bianco ist mit seinem leicht harzigen Aroma dagegen ein Sommerrenner.

Ausgesuchte Rotweine sind der blumige Don Alfonzo und der köstliche, *Per'e Palummo* („Taubenfuß") genannte Piedirosso. Zwischendurch kannst du dir auch einen möglichst jungen Ischia Rosso servieren lassen. Diese Weine tragen alle das Prädikat DOC *(Denominazione di origine controllata)*, sie sind staatlich anerkannte Qualitätsweine.

Am Ende eines genussvollen Essens muss er kommen, der eisgekühlte Likör. Auch hier hast du die Qual der Wahl: Der Limoncello wird mit Zitronenschalen angesetzt, der Rucolino mit Rauke, der Nocino mit Nüssen. Etwas ganz Besonderes ist aber der Likör aus Basilikumblättern namens *liquore di basilico*.

Egal, ob es dann schon Mitternacht ist, das Ende kommt immer klein und schwarz: Zum Schluss trinken viele Ischitaner gerne noch einen *caffè*, einen Espresso, auch ohne Koffein.

Unsere Empfehlung heute

Vorspeisen/Snacks

ALICI MARINATE
In Zitrone marinierte, rohe Sardellen

POLIPETTI ALLA LUCIANA
Kleine Kraken in Tomatensud

LA ZINGARA
Geröstetes Brot mit rohem Schinken, Mozzarella, Tomate, Blattsalat und Mayonnaise

MOZZARELLA IN CARROZZA
Paniertes, in Olivenöl frittiertes und mit Mozzarella gefülltes Sandwich

PIZZA ALLA SCAROLA (DI FORIO)
Mit schwarzen Oliven, Rosinen und Pinienkernen gedünstete Endivienblätter, in Pizzateig gebacken

Pasta

PASTA E FAGIOLI CON LE COZZE
Nudeln mit Saubohnen und Miesmuscheln

LINGUINE ALLO SCOGLIO
Bandnudeln mit Meeresfrüchten, Tomate, Knoblauch und Petersilie

GNOCCHI ALLA SORRENTINA
Kartoffelteignocken mit Tomaten, überbacken mit *scamorza*-Käse

Hauptgerichte

FRIARIELLI IN PADELLA CON SALSICCIA
Mit Knoblauch und Chili gedünsteter Stängelkohl mit Schweinswurst

PARMIGIANA DI MELANZANE
Mit Parmesan überbackener Gratin aus Auberginenscheiben, Mozzarella und Tomatensauce

CONIGLIO ALLA CACCIATORE
Kaninchen nach Jägerart

TOTANI CON PATATE
Tintenfisch mit Kartoffeln gekocht

IMPEPATA DI COZZE
Im eigenen Saft gedünstete Miesmuscheln mit Zitrone, Petersilie und frisch gemahlenem Pfeffer

Desserts

TORTA ALLE MANDORLE
Mandelkuchen

SFOGLIATELLA
Blätterteigteilchen mit einer Füllung aus Ricotta, kandierten Früchten, Vanille und Zimt

BABÀ
Mit Rumsirup getränkter Kuchen

SHOPPEN & STÖBERN

In zehn Gehminuten gelangst du vom Hafen in Ischia Porto – der Via Roma folgend – zum Corso Vittoria Colonna, der Haupteinkaufsstraße. Exklusive und trendige Boutiquen säumen die lange Gasse. Im eleganten Lacco Ameno gehen Insider auf dem Corso Rizzoli shoppen. Der Corso Umberto, die Einkaufsstraße in Forio, gibt sich etwas weniger elegant, schont dafür aber die Geldbörse. In Sant'Angelo bummelst du am Hafen, wo du in der Saison interessante Boutiquen entdecken kannst. Während die meisten Hotels auf der Insel von Ende Oktober bis Ostern geschlossen bleiben, haben fast alle Geschäfte und Boutiquen rund ums Jahr geöffnet.

ISCHIA-SCHICK

Handbestickte Nachthemden mit Spitze, handgearbeitete Leinenmode oder trendige Accessoires aus Koralle oder Muscheln: Fashionistas finden auf der Insel zahlreiche angesagte Boutiquen, manche auch mit Labels international gefragter italienischer Designer. Hip sind handgemachte Sandalen. Am gefragtesten sind die mit viel Strass und Verzierungen.

MEDITERRANE KÖSTLICHKEITEN

Essen spielt eine große Rolle auf Ischia, dementsprechend gibt es viele Delikatessen zum Mitnehmen, kalt gepresstes Olivenöl etwa oder Marmeladen. Getrocknete Peperoncini, die kleinen roten Chilischoten, sind leicht im Koffer. Ein besonderes Mitbringsel ist eine Flasche Ischiawein von einem lokalen Winzer: Verbinde deinen Einkauf mit einer Weinprobe! Empfehlenswert sind auch die Liköre von *Ischia Sapori (ischiasapori.eu),* der einzigen Likörfa-

INSIDER-TIPP
Ischia in der Flasche mitnehmen

Die hübsche Inselkeramik (li.) schlägt aufs Gepäck, eine Tunika (re.) ist dafür umso leichter

brik auf der Insel. Bei Sorten aus Erdbeeren, Orangen, Mandarinen und Zitronen hast du die Qual der Wahl und der *Crema di Rucolino,* ein cremiger Rucolalikör, ist ein außergewöhnlicher Genuss.

SCHÖNMACHER

Pfleg dich das ganze Jahr mit Fango aus Ischia. Für alle, die zu Hause ihre Gesichtspflege mit Fangopackungen fortsetzen wollen: *Ischia Thermae,* der älteste Kosmetikhersteller der Insel (seit 1892), bietet u. a. eine Tube echten Fango auf Thermalwasserbasis an. Die Produkte gibt es in vielen Thermalanlagen und in den Geschäften der Firma *(Via Roma 56, Ischia Porto | Via V. Colonna 114, Ischia Ponte).* In der Fabrik am Hafen von Forio kann sogar die Herstellung mitverfolgt werden *(Via Monsignor Schioppa 19).*

Bei der Weinproduktion bleiben die Traubenreste Polyphenole zurück, die reich an Vitaminen sind und eine antioxidative Wirkung haben. Marina D'Ambra aus einer renommierten Winzerfamilie Ischias hat daraus eine Körperpflegeserie mit Traubenextrakten entwickelt: *Divine Cosmetics (@divine_cosmetics_ischia).* Beliebt ist das Gesichtsserum, das in vielen Spas der Insel angewandt wird.

HINGUCKER AUF DEM TISCH

Sie werden dich zu Hause in deiner Küche an den Ischiaurlaub erinnern, die fröhlich bunten Keramikgefäße von der Insel sind echte Hingucker. Riesig ist die Auswahl an Tellern und Töpfen, Krügen und Schalen, die mehrere Tonkünstler noch von Hand bemalen. Zahllose Keramikgeschäfte findest du in Forio. Die größte Auswahl gibt es bei den Brüdern *Mennella (Via Salvatore Girardi 47)* in Casamicciola, sie betreiben die einzige Keramikfabrik der Insel.

SPORT

Reiten, Wandern, Tauchen, Radfahren: Auf Ischia hast du Spaß an Land und garantiert auch auf, im und unter Wasser. Wassersport steht auf einer Insel natürlich hoch im Kurs – vom Segeln bis zum Kitesurfen, vom Schnorcheln bis zum Stand-up-Paddling. Es gibt fünf Yachthäfen und Dutzende von Surf- und Tauchschulen. Wenn du auf eigene Faust um die Insel schippern willst, kannst du kurzerhand ein Motor-, Tret- oder Ruderboot mieten.

TAUCHEN & SCHNORCHELN

An den zerklüfteten Küsten Ischias mit spektakulären Felsgrotten und einer reichen Pflanzenvielfalt unter Wasser kommen Schnorchel- und Tauchfreunde voll auf ihre Kosten. Schnorcheln auf eigene Faust lässt es sich an allen Küsten, entlang der Felsformationen gibt es natürlich mehr zu entdecken als an den Sandbänken. Ratsam ist es allerdings immer, die Unterwasserwelt der Insel auf einer geführten Tour zu erleben, denn das Tauchen in Grotten hat eine besondere Dynamik und kann aufgrund der Strömungen schnell gefährlich werden.

Tauchexperte Sebastiano Polgrossi und sein Tauchteam von *Ischia Diving (Tauchgang ab 45 Euro | Via Iasolino 106 | Ischia Porto | Tel. 0 81 98 18 52 | ischiadiving.net)* bieten Kurse und Unterwasserexkursionen an und verleihen professionelle Tauchausrüstung. Organisiert werden auch Alternativprogramme für nicht tauchende Familienmitglieder. Tauchkurse sowie Schnorchelausflüge veranstaltet Pietro Sorvino von der Tauschschule *Ans Diving Ischia (dreistündige Schnorcheltour 40 Euro/Person | Via Girolamo Rocca 13 | Ischia Ponte | Tel. 08 10 48 40 74 | ansdiving ischia.it).*

Ein Segelboot chartern? Klar, auch ein Tag auf den Wellen rund um Ischia ist möglich

SURFEN, KAJAKFAHREN & STAND-UP-PADDLING

Die besten Windverhältnisse zum Surfen herrschen in den Herbst- und Wintermonaten, wenn auf Ischia generell wenig los ist. Ideal fürs Kitesurfing sind die Strände Chiaia in Forio (vor allem bei Westwind) und der lange Maronti-Strand im Süden der Insel. Bei Nordwind bietet sich der Pescatori-Strand in Ischia Ponte an, wo es nicht nur Wind, Meer und eine attraktiv zerklüftete Küste gibt, sondern dazu auch einmalige Ausblicke auf die Aragoneserburg.

Surfbrett- und Kajakverleih (ab 20 Euro für 3 Std.) gibt es während der Sommermonate sowohl am Strand San Pietro zwischen Ischia Porto und Ischia Ponte sowie am San-Montano-Strand, Citara-Strand, am San-Francesco-Strand und in Lacco Ameno.

Mit einem Kajak *(ab 10 Euro/Std.)* vom Strandclub *Banana Beach (Via Nazario Sauro 54 | Mobiltel. 33 84 58 76 29 | Facebook: bananabeachsantangelo)* kannst du in Sant'Angelo im Inselsüden fahren, dort werden auch Tretboote *(ab 15 Euro/Std.)* vermietet.

SUP-Verleih bieten z. B. *Maestrale Watersports (@maestralewatersports)* am Maronti-Strand und *Ischia SUP (ischiasup.com)* in Forio.

SEGELN

In den Yachthäfen befinden sich verschiedene Yachtclubs, die Segelkurse für alle, Erwachsene und Kinder, anbieten. Kleinere (Schul-)Segelboote bis 6 m Länge verleiht z. B. der Club *Auras (ab 40 Euro für Erwachsene, ab 30 Euro für bis zu 2 Kinder, Einschreibungsgebühr mit Versicherung 20 Euro/Pers. | Mobiltel. 34 04 56 78 55 | Facebook: Auras Ischia)* am Strand von San Pietro in Ischia Porto.

Segelboote ab 10 m kannst du auf der Nachbarinsel Procida chartern, z. B. bei

Sailboat (unbedingt vor der Saison buchen | Tel. 08 18 96 99 62 | sailitalia.com). Holzboote mit Außenbordern verleiht *Ischiabarche (Via Pontano 3 | Ischia Ponte | Tel. 0 81 98 48 54 | ischia barche.it).* Es geht wirklich kaum etwas über einen Tag im Privatboot unterwegs zum Baden rund um die Insel, immer auf der Suche nach der schönsten Bucht und dem klarsten Wasser.

RADFAHREN

Seit es E-Bikes gibt, sieht man Fahrräder auch auf Ischia immer häufiger. Auf dem Weg über die Insel geht es hinauf und hinab, das ist ideal für trainierte Fahrer, die sich austoben möchten. Ungeübte Radler entscheiden sich besser für ein E-Bike. Richtige Radwege gibt es leider noch nicht, weshalb man verkehrsreiche Straßen besser meiden sollte.

In Ischia Porto vermietet *Noleggio Del Franco (Via Alfredo De Luca 131 und Via Iasolino 100 | Tel. 0 81 99 13 34 | noleggiodelfrancoischia.com)* Fahrräder, darunter Citybikes, Mountainbikes, Rennräder (je ab 15 Euro/Tag) sowie E-Bikes (ab 25 Euro/Tag) und auch Kinderräder (ab 10 Euro/Tag).

REITEN

Ausflüge hoch zu Ross über die Höhen des Monte Epomeo organisiert die Reitschule *Centro Ippico* von Bartolo Messina *(50 Pferde | 1-Std.-Tour 35 Euro, 1½-Std.-Spaziergang ab 60 Euro, zzgl. Mittagessen | Via Cretaio 22 | Fiaiano | Mobiltel. 32 97 44 40 99 | aragonarabians.it).* Attraktiv sind auch die angebotenen Reitstunden für Erwachsene und Kinder (auf Italienisch, auf Wunsch in deutscher und englischer Sprache).

TENNIS

Tennis kannst du gegen Platzgebühr spielen, in Forio gibt es einen Tennisclub *(ab 20 Euro/Std. für ein Tennisfeld),* in Ischia Porto sogar zwei, einer davon befindet sich in Strandnähe. Manches Hotel hat einen eigenen Platz, in Forio warten sogar drei Hotels mit Tennisplätzen.

WANDERN

Besonders deutsche Ischia-Fans schwören auf Trekkingtouren durch die immergrüne Natur der Insel, durch Schluchten voller Farne und Bambus und auf alten Maultierpfaden über die felsigen Berge mit herrlichen Ausblicken. Jede Jahreszeit überrascht mit den jeweiligen Blüten, weshalb sich auf einer Wanderung im Frühjahr ganz andere Bilder der Natur zeigen als im Herbst. Typisch für Ischia

sind neben dem saftigen Grün der mediterranen Pflanzen und den herrlichen Ausblicken über die Insel aufs Meer auch die Kraterlandschaften: Besonders gut konserviert hat sich etwa der Krater beim Monte Rotaro im höchsten Teil des Orts Casamicciola.

Empfehlenswert ist es immer, mit einem ortskundigen Wanderführer auf Tour zu gehen, denn man sieht nur, wovon man überhaupt weiß. Darüber hinaus sind die meisten Wanderwege auch schlecht bis gar nicht gekennzeichnet. Obwohl es sich hier nicht um hochalpine – und damit sicher für geübte Wanderer um weniger anspruchsvolle – Wanderwege handelt, ist es doch sinnvoll, die Touren mit einem ordentlichen Wanderschuh zu machen.

Wer also eine kleine Wanderung zum Kräutersammeln (vor allem Rosmarin und Majoran wachsen am Wegrand in Hülle und Fülle) z. B. im Inselsüden bei Barano unternehmen will, kann – mit Wanderkarte – gut auf eigene Faust losziehen. Wer aber die Höhen erklimmen, die Pinienwälder durchstreifen oder Vulkanspuren finden will, ist gut beraten, eine organisierte Wanderung z. B. mit *Aniello Di Iorio (Tel. 081903058 | euro geopark.com)* zu buchen. Fast jeden Tag bietet der Geologe in deutscher Sprache interessante Wanderungen über die Insel an. Die Touren kosten ab 18 Euro pro Person, sie starten um 9 oder 10 Uhr bzw. donnerstags um 15.30 Uhr an verschiedenen Treffpunkten und tragen Namen wie „Vulkan-Wanderung" oder „Drei-Krater-Wanderung".

INSIDER-TIPP
Geheimnissen der Natur auf der Spur

Ebenfalls interessante Touren auf den Monte Epomeo (auch auf Englisch) bieten Marianna Polverino *(Touren ab 100 Euro | Mobiltel. 3392778119)* sowie Agostino Iacono an *(ab 100 Euro für vierstündige Wanderung | Mobiltel. 3332521882)*, eines seiner Spezialgebiete ist die Botanik.

Aussichtsreich: Im Inselwesten führen die Höhenwege um Frassitelli bis runter nach Forio

DIE REGIONEN IM ÜBERBLICK

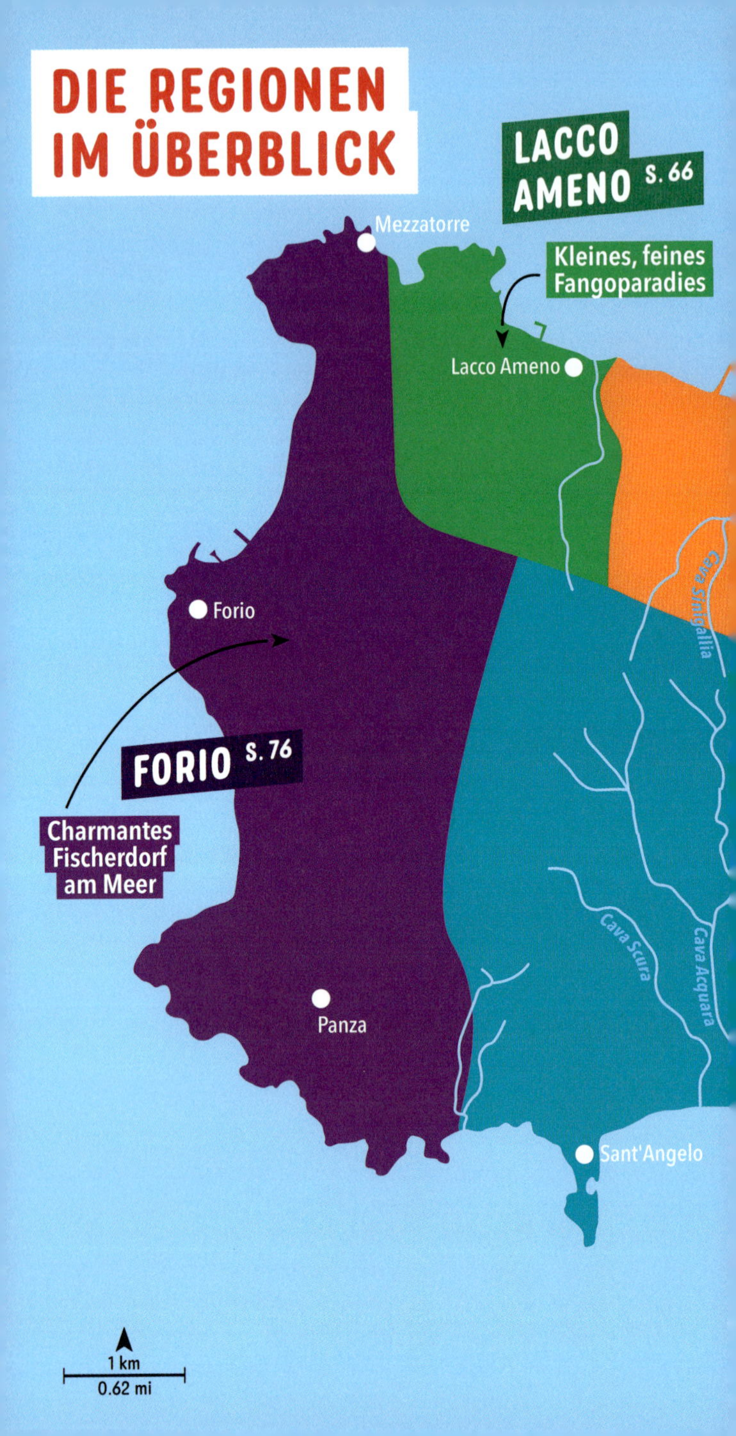

LACCO AMENO S. 66
Mezzatorre
Kleines, feines Fangoparadies
Lacco Ameno
Forio
FORIO S. 76
Charmantes Fischerdorf am Meer
Cava Sinigallia
Cava Scura
Cava Acquara
Panza
Sant'Angelo
1 km
0.62 mi

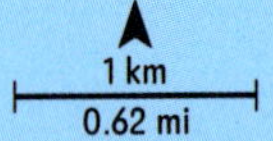

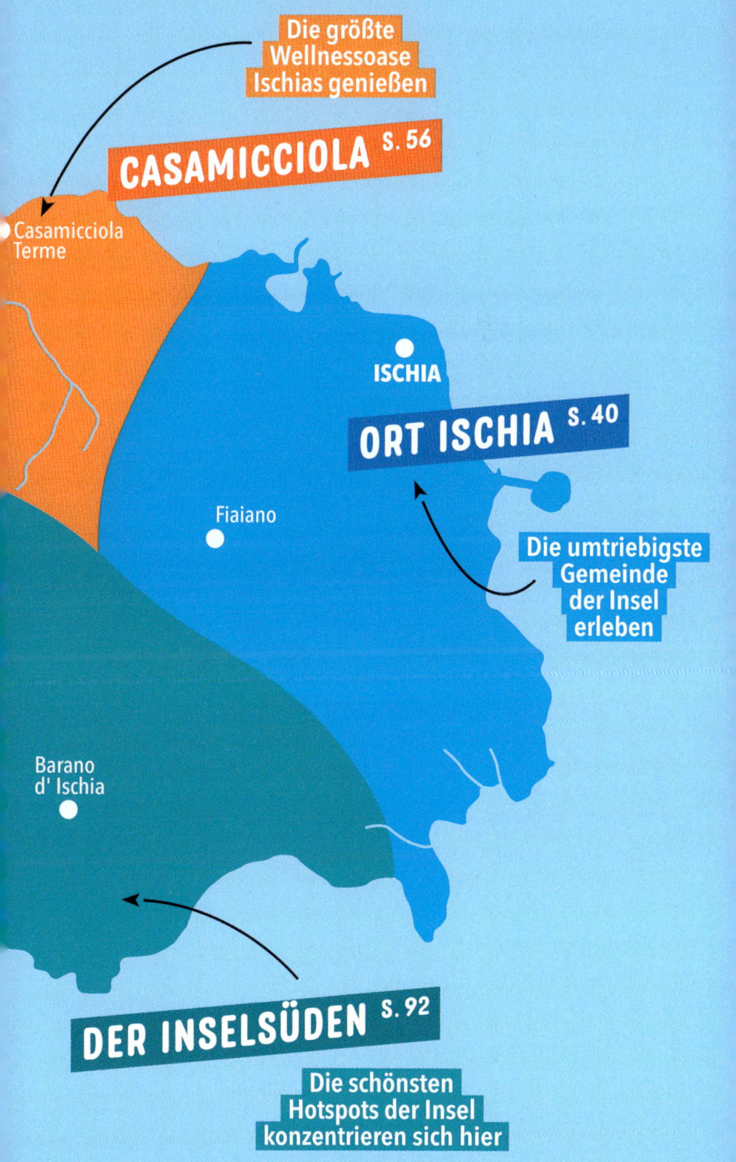

Die größte
Wellnessoase
Ischias genießen

CASAMICCIOLA S. 56

Casamicciola
Terme

ISCHIA

ORT ISCHIA S. 40

Fiaiano

Die umtriebigste
Gemeinde
der Insel
erleben

Barano
d' Ischia

DER INSELSÜDEN S. 92

Die schönsten
Hotspots der Insel
konzentrieren sich hier

ORT ISCHIA

DAS PULSIERENDE HERZ DER INSEL

Wenn die Fähre nach der Überfahrt von Neapel in den Hafen von Ischia Porto gleitet, weißt du, warum du nach Ischia reisen wolltest. Zauberhaft liegt das runde Hafenbecken vor dir mit den pastellfarbenen Häusern und den schaukelnden Schiffen, die dich sofort in Urlaubsstimmung bringen.

Die meisten Schiffe aus Neapel legen in Ischia Porto (Ischia Hafen) *(📖 a–b 1–2)* an, das zusammen mit der südlich davon gelegenen Altstadt Ischia Ponte (Ischia-Brücke) *(📖 e–f 5–6)* die mit über

Grüßt noch aus dem Mittelalter: Das Castello Aragonese trotzt dem Wellengang

20 000 Ew. bevölkerungsreichste Gemeinde der Insel bildet. Wer neben Wellness, Entspannung und viel Natur auf der kurzweiligen Insel auch mal den quirligen Trubel einer typisch süditalienischen Kleinstadt sucht, der ist hier goldrichtig: Von hier aus starten die Busse und die meisten Schiffsverbindungen (Porto), hier gibt es die größte Zahl von Geschäften und am Wochenende geht auch nachts die Post ab – sowohl an der sogenannten „Rive droite", dem rechten Hafenufer (Porto), als auch im Centro Storico von Ischia Ponte.

ORT ISCHIA

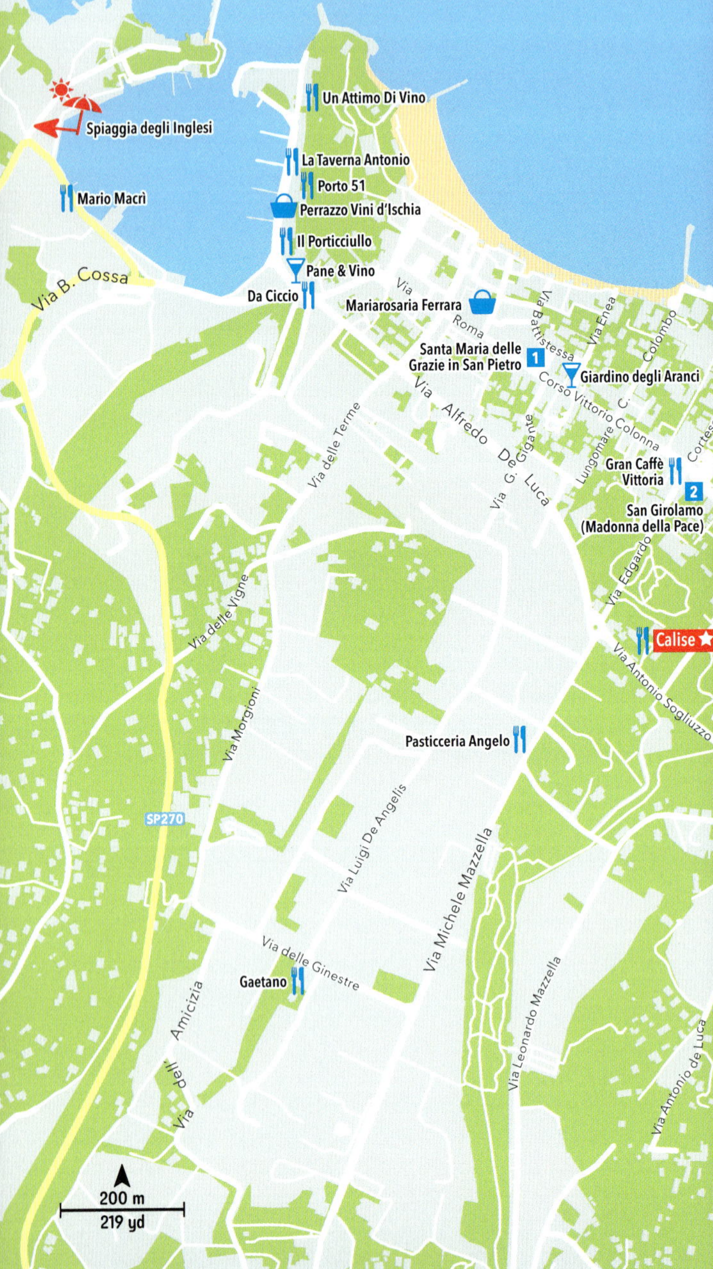

Un Attimo Di Vino
Spiaggia degli Inglesi
La Taverna Antonio
Porto 51
Mario Macrì
Perrazzo Vini d'Ischia
Il Porticciullo
Pane & Vino
Via B. Cossa
Da Ciccio
Via Roma
Mariarosaria Ferrara
Via Battistessa
Via Enea
Colombo
Santa Maria delle Grazie in San Pietro
1
Giardino degli Aranci
Corso Vittorio Colonna
Via Alfredo De Luca
Via delle Terme
Via G. Gigante
Lungomare C.
Cortese
Gran Caffè Vittoria
2
San Girolamo (Madonna della Pace)
Via Edgardo
Calise
Via delle Vigne
Via Antonio Sogliuzzo
Via Morgioni
Pasticceria Angelo
SP270
Via Luigi De Angelis
Via Michele Mazzella
Via delle Ginestre
Gaetano
Via dell Amicizia
Via Leonardo Mazzella
Via Antonio de Luca
200 m
219 yd

MARCO POLO HIGHLIGHTS

★ **ARAGONESERBURG (CASTELLO ARAGONESE)**
Insel-Hotspot seit dem Mittelalter
➤ S. 46

★ **KATHEDRALE (SANTA MARIA DELL'ASSUNTA)**
Barocker Blickfang und beliebter Treffpunkt ➤ S. 45

★ **CALISE**
Kultbar für alle – ob Einheimische oder Inselfans ➤ S. 48

★ **GIARDINO EDEN**
Feines Gartenrestaurant mit Yachtklientel ➤ S. 48

ORT ISCHIA

Die Insel ist vulkanischen Ursprungs und der Hafen der Gemeinde Ischia zeugt davon: Kaum zu glauben, aber bis 1854 war dieses Becken hier nur ein flacher See, der in einem Vulkankrater entstanden war.
Der Bourbonenkönig Ferdinand II. hatte Mitte des 19. Jhs. die clevere Idee, einen Teil des Sees zum Meer zu öffnen: So entstand Ischia Porto neben dem Ortsteil Ischia Ponte. Auf den Piers ist tagsüber immer etwas los, Urlauber kommen an und reisen ab. Falls du nicht abgeholt wirst: Eine preiswerte Alternative zu den modernen Van-Taxis sind die öffentlichen Busse, die dich zügig in fast jeden Winkel der Insel bringen.
Die beschauliche Altstadt von Ischia Ponte wird *il Borgo dei Pescatori* genannt, das Fischerviertel. In den liebevoll gepflegten, pastellfarbenen Häusern am Meer haben früher die Fischer und Seefahrer gelebt, die traditionell von der Insel aus hinaus in die Welt zogen. Ischia Ponte ist klein, alles konzentriert sich auf die Landzunge vor der Burg. Ein Bummel durch die verwinkelten Gassen lohnt sehr, schön anzuschauen sind auch die einst herrschaftlichen Palazzi des Adels in der zentralen Via Luigi Mazzella – und natürlich das große Highlight des Orts: das Castello Aragonese.

SIGHTSEEING

1 SANTA MARIA DELLE GRAZIE IN SAN PIETRO

Mitten in der Shoppingmeile von Ischia Porto führt eine Treppe zu der 1781 erbauten Barockkirche hinauf, die eine sehr auffällige architektonische Linienführung hat. Ursprünglich beteten die Gläubigen hier für die im Fegefeuer leidenden armen Seelen, später huldigten sie dem heiligen Petrus, und heute beten sie die Jungfrau Maria an. *Corso V. Colonna 223 | Porto |* *c2*

2 SAN GIROLAMO (MADONNA DELLA PACE)

Die intime, kleine Kapelle ist der friedensstiftenden Jungfrau geweiht und mit modernen Mosaiken geschmückt. Sie steht inmitten des quirligen Gedränges an der *Piazzetta San Girolamo.* Ursprünglich wurde die Minikirche nach dem Ausbruch des Arso (1302) als Einsiedelei in der verwüsteten Landschaft errichtet. *Corso V. Colonna 124 | Porto |* *d3*

3 STADTPARK

Gleich um die Ecke bei der viel befahrenen Piazza degli Eroi lädt die grüne Oase des *Parco Comunale* zum Verweilen ein. Viele Pinien stehen im Park, und kahle Felsbrocken erinnern daran, dass hier jahrhundertelang nur der erstarrte Lavafluss zu sehen war, der 1302 aus dem Arso-Vulkan strömte. Giovanni Gussone, der berühmte Hofbotaniker des neapolitanischen Königs Ferdinand II., bepflanzte 1850–54 das öde Gelände – und eigentlich sollte man ihn dafür mit einem Denkmal würdigen. *Porto |* *d$*

4 SANT'ANTONIO

In der Nähe der *Spiaggia dei Pescatori,* also des Fischerstrands, wo sich einst der Arso-Lavastrom ins Meer ergoss, erhebt sich über einer Freitreppe diese 1740 erbaute, einschiffige Kirche des Franziskanerklosters. In der Kirche werden seit 2003 die sterblichen Überreste des Schutzpatrons von Ischia, San Giovan Giuseppe della Croce, aufbewahrt. Der 1654 in Ischia Geborene wurde 1839 heiliggesprochen. Jedes Jahr am ersten Septembersonntag ehrt ihn Ischia Ponte mit einem großen Fest und Feuerwerk, nachdem die Gläubigen seine Reliquien auf einer Prozession durch den Ortsteil getragen haben.

Im Konventsaal sind über 30 000 Bände der von Monsignore Onofrio Buonocore gegründeten *Biblioteca Antoniana* untergebracht: eine schier unerschöpfliche Quelle für Ischia-Forscher. Ein Besuch hier lohnt sich schon wegen des Ölporträts der mit Lorbeerkranz gekrönten Dichterin Vittoria Colonna (1492–1547), die zeitweise auf Ischia lebte. *Di–Fr 9–12 u. 17–20, Sa 10–12 u. 17–20 Uhr | Rampe di Sant'Antonio 5 | Ponte |* *e5*

Pretty in Pink: Überall auf der Insel gedeiht Oleander

5 KATHEDRALE (SANTA MARIA DELL'ASSUNTA) ★

„Treffen wir uns bei der Treppenmadonna!" Die Einheimischen nutzen die meist so genannte Madonna della Scala gerne als Treffpunkt. Und sie macht ordentlich was her, die schmucke Kathedrale (um 1400), die der Jungfrau Maria geweiht ist. Im Lauf der Zeit mehrmals umgebaut, punktet die Kirche heute außen mit einem fröhlichen Anstrich in Gelb-Weiß und innen mit viel Stuck und Gold. Mehr als nur einen Blick wert sind das Holzkruzifix (13. Jh.) links vom Hauptaltar, die „Himmelfahrt Marias" des Malers Giacinto Diano (spätes 18. Jh.) und das Taufbecken aus der Spätrenaissance, getragen von den attraktiven Tugenden Sanftmut, Gerechtigkeit und Klugheit. *Via L. Mazzella | Ponte |* *f6*

6 MUSEO DEL MARE

Das entbehrungsreiche Leben und die über die Jahrhunderte hinweg harte Arbeit der Fischer und Seefahrer von Ischia stehen im Mittelpunkt dieses Meeresmuseums im *Palazzo dell'Orologio,* dem sogenannten Uhrenpalast, einem historischen Gebäude mitten in der Altstadt. Aus der Nähe betrachten kannst du zahlreiche Arbeits- und Navigationsinstrumente, Fotos und Schiffsmodelle, die alle aus ischitani-

Ischia Ponte am Abend: Man trifft sich zum Essen und zum Reden

schem Familienbesitz stammen. *Juni–Okt. Di–So 9–13 u. 16–20 Uhr, übrige Öffnungszeiten siehe Facebook-Seite | Eintritt 5 Euro | Palazzo dell'Orologio | Ponte | Facebook: Museo del Mare Ischia | ⏲ 1½ Std. |* *e1*

7 ARAGONESERBURG (CASTELLO ARAGONESE) ★

Schwer vorstellbar, aber wahr: Innerhalb der Burgmauern lebten im Mittelalter 1800 Familien! Eine richtige kleine Stadt war das auf diesem Felsenfort mit 13 Pfarrkirchen. Bis 1423 nur über das Meer erreichbar, steht die Festung immer noch trutzig im Wasser. Erobere die Burg mit dem Aufzug (60 m) oder zu Fuß über die 400 m lange, panoramareiche Burgstraße.

Die Aragoneserfestung ist ein Paradebeispiel für mittelalterliche Baukunst. Sie wurde bis ins Detail liebevoll restauriert von der umtriebigen Familie Mattera, die die heruntergekommene Burg 1912 kaufte. Kultur gibt es hier jeden Sommer vom Feinsten mit Konzerten, Events und Ausstellungen. Im Juli ist in der Burg Kino groß angesagt, das *Ischia Film Festival* hat Kultstatus. Dauerhaft zu sehen sind in der *Chiesa dell'Immacolata* die großformatigen Arbeiten des Malers Gabriele Mattera (1927–2013), eines der einstigen Burgbesitzer.

Von den Terrassen bis zum Verlies zeigt sich die Burggeschichte, gruselig wird es im *Klarissenkloster* aus dem 16. Jh. Denn in zwei niedrigen Räumen sind noch die mit Löchern versehenen Steinplatten zu besichtigen, auf die man damals die Leichen der verstorbenen Nonnen gesetzt hat. Ihre sich auflösenden sterblichen

Überreste fielen mit dem Fortschreiten der Zeit in die darunterstehenden Steingefäße.
Von diesem Schreck erholst du dich am besten im Olivengarten ganz oben auf der Burgterrasse (mit herrlichem Blick aufs Meer) oder auf der Aussichtsterrasse der Cafeteria *Il Monastero. Öffnungszeiten der Burg: tgl. 9 Uhr bis Sonnenuntergang, spätestens aber bis 20.30 Uhr | Eintritt 12 Euro inkl. Lift | castelloaragoneseischia.com | Ponte | 2 Std. | f1*

8 ANTICA AENARIA

Der Meeresspiegel lag vor 2000 Jahren mehrere Meter tiefer als heute, weshalb die römischen Bauten der Küstengegend heute unter Wasser liegen: Zu diesen archäologischen Funden – u. a. ein Nymphäum – am Meeresgrund vor der Cartaromana-Küste führt eine organisierte Tour im Glasbodenboot *(Donnerstagvormittag | ab 20 Euro/ Person | ischiabarche.it | 1 Std. 10 Min.)* Demnächst soll im Torre di Michelangelo über der Cartaromana-Bucht ein Museum eröffnet werden, das einige Funde zeigt. Die antiken Ruinen auf dem Meeresgrund sind auch ein tolles Ziel für Taucher. *e1*

INSIDER-TIPP
Hinab in die Antike

ESSEN & TRINKEN

MARIO MACRÌ

Du hast nur kleinen Hunger? Lass dir im Supermarkt Mario Macrì für 3 Euro ein leckeres *panino* zusammenstellen. Die Klassiker sind Schinken-Käse *(formaggio-prosciutto)* oder Mozzarella-Tomate. *Via Iasolino 15 (am Aliscafi-Hafen) | € | a2*

UN ATTIMO DI VINO

Nur fangfrischer Fisch, keine Speisekarte, aber eine super Weinkarte: Teresa und Raimondo zaubern ein ebenso göttliches wie familiäres Gaumenerlebnis. Oft gibt's Livemusik. *Mi–Mo | Via Porto 103 | Porto | Tel. 08 12 77 99 49 | €€ | b1*

LA TAVERNA ANTONIO

An der „Rive Droite": Sehr beliebtes, flottes Lokal mit Familienbewirtung direkt am Pier. Es gibt wunderbar schmackhafte Küche, die auch die Einheimischen lieben. Bestelltipp: *Polpo d'Amor,* ein frittierter Krake mit einer kulinarischen Überraschung. *März–Juli u. Sept./Okt. tgl., Aug. u. Nov./Dez. tgl. nur mittags | Via Porto 55 | Porto | Tel. 0 81 98 42 64 | €€ | b2*

PORTO 51

Gefragte Bar und Gastropub, in dem alles stimmt: tolle Atmosphäre und Location an der „Rive Droite", faire Preise. Bewirtet wirst du von vier Geschwistern. Der Hit ist das Zingara-Sandwich, ein Kultgericht unter Ischias jungen Leuten. *April–Okt. tgl. ab 18 Uhr, im Sommer bis 3 Uhr nachts | Via Porto 51 | Porto | Tel. 0 81 90 63 76 | €–€€ | b2*

INSIDER-TIPP
Belegtes Brot, nur besser

IL PORTICCIULLO

Seit 1968 spielt frischer Fisch in diesem legendären Hafenrestaurant die Hauptrolle – und der Blick auf die Hafenbucht. *Ostern–6. Jan. tgl. | Via*

Porto 35 | Porto | Tel. 0 81 99 32 22 | €-€€ | b2

DA CICCIO

Prima Kombi aus Imbissstube, Bar, Konditorei und klasse Eisdiele für preisbewusste Gäste. *Im Winter Mo geschl. | Piazza Antica Reggia 5 (am Hafenende der Via Roma) | Porto | b2*

ALBERTO

Fünfzigerjahre-Stil zum Abheben: Im Meer stehende Stelzen tragen das historische Lokal mit Blick auf den Horizont. Die jungen Wirte Vincent und Umberto lassen sich zu den traditionellen auch fantasievoll-innovative Gerichte einfallen. Hervorragende Weinkarte! *Ostern–Okt. tgl. | Via C. Colombo 8 | Porto | Tel. 0 81 98 12 59 | €€ | d2*

GRAN CAFFÈ VITTORIA

In-Treff der einheimischen Jugend; besonders gegen 22 Uhr belagert (vor allem am Wochenende). Berühmt ist das Café für seine Torten: Probier unbedingt die *delizia al limone,* eine Zitronenköstlichkeit! *Juli/Aug. tgl., sonst Do geschl. | Ecke Corso V. Colonna 110/ Piazzetta San Girolamo | Porto | d3*

CALISE ★

Die Kultbar ist eine Institution. Hier treffen sich Locals und Urlauber, Jung und Alt zum Aperitif, zur Teatime, zum Cocktail, abends zu Livemusik (Mai–Sept. tgl., sonst Sa/So um 21 Uhr *Caffè Concerto* – Jazz und Klassik, nur zum Lauschen). Das riesige Lokal ist eingebettet in einen wunderbaren exotischen Garten mit mehreren Terrassen und Loungeecken. Bis spätnachts ist an der Cafébar mächtig was los. Ein beliebtes Ritual: Nachteulen erwartet ein duftendes Croissant direkt aus dem Backofen zum Cappuccino. *Tgl. 7–22, im Hochsommer bis 3 Uhr | Piazza degli Eroi (mit Parkplatz) | Porto | Tel. 0 81 99 12 70 | Facebook: Bar Calise Ischia | d4*

PASTICCERIA ANGELO

Ideale Konditorei, um zu frühstücken, ein hervorragendes Eis zu genießen oder einfach mal zwischendurch etwas Süßes zu naschen, etwa einen köstlichen *babà* – einen mit Rum getränkten Hefekuchen. *Via Michele Mazzella 31 | Porto | c4*

DA COCÒ

Seit 1951 der Insidertreff für Freunde bodenständiger Hausmannskost. Hier sitzt du, auch unter Locals, total zentral und direkt am Meer. Gratis dazu: der Blick aufs Castello. *Mitte März–Nov. tgl., Mo u. Mi nur abends | Piazzale Aragonese 1 | Ponte | Tel. 0 81 98 18 23 | ristorantecocoischia.it | €€ | e1*

GIARDINO EDEN ★

Dieses elegante Strandbad mit Blick auf die Sant-Anna-Felsen ist gleichzeitig ein hervorragendes Restaurant, das man in den Sommermonaten vor allem mit dem Boot (auch Taxiboot von Ischia Ponte) erreicht. Die gegrillten Miesmuscheln sind legendär. *Ende April–Anfang Okt. tgl. | Via Nuova Cartaromana 62 | Ponte | Tel. 0 81 98 50 15 | giardinoedenischia.it | €€€ | Q7*

GAETANO

Unscheinbares Lokal – aber für die Ischitaner die beste Pizzeria weit und breit. Kein Wunder, Gaetano, der Chef, ist Pizzabäcker in dritter Generation. 55 saftig-würzige Pizzavarianten gibt's direkt aus dem Holzofen (auf Bestellung auch glutenfrei), alle ab 6 Euro aufwärts. *April–Okt. tgl., sonst Mo geschl. | Via delle Ginestre 28–30 | Porto | Tel. 0 81 18 95 84 42 | € | 🕮 b6*

SHOPPEN

Lust aufs Bummeln macht die verkehrsberuhigte Achse Via Roma/Corso Vittoria Colonna. Hier reiht sich eine Boutique an die andere, Edelmarken findest du ebenso wie junge Trendlabels. Schau auch in die Hinterhöfe, da verstecken sich oft kleine Geschäfte mit Kunsthandwerk und handgemachter Mode.

INSIDER-TIPP
Vom Weg abkommen lohnt sich

PERRAZZO VINI D'ISCHIA

In Grotten aus der Römerzeit reifen an der „Rive Droite" über 12 000 Flaschen Wein: Die älteste Weinkellerei Ischias mit ihrem hervorragend sortierten Weinkeller in historischem Ambiente ist einen Besuch wert, am besten verknüpft mit einer anschließenden Weinprobe. Auch Weinmuseum. *Via Porto 36 | Porto | perrazzovini.it | 🕮 b2*

MARIAROSARIA FERRARA

Handgemachte ischitanische Treter: Mit Swarovski-Strass, feinem Leder und einer beflügelnden Kreativität fertigt die junge Ischitanerin exklusive Sandalen und handgenähte Taschen. *Via Venanzio Marone 5 | Porto | mariarosariaferrara.com | 🕮 c2*

Nichts fürs Handgepäck, aber schön anzuschauen: ischitanische Keramik

EXESS

Ischias bekannter DJ Pietro Di Meglio verkauft neben Computerspielen und Handyzubehör auch CDs und LPs mit neapolitanischer Musik. Manchmal stellt er auch eigene Playlists zusammen. *Via Seminario 24 | Ponte | Facebook: Pietro Pierre Di Meglio | e5*

CIANCIARELLI

Die Keramikmaler Filippo und seine Söhne Raffaele und Domenico bieten seit 1985 ein ganz besonderes und preiswertes Souvenir an: gemalte Keramik-Veduten (naturgetreue Darstellungen) von Ischia in mini. *Via Luigi Mazzella 48 | Ponte | f6*

GALLERIA MARIO MAZZELLA

Eigene Galerie dieses ischitanischen Künstlers von internationalem Format. Seine Gemälde und Grafiken geben das stille Inselleben von einst wieder. Seit dem Tod des Maestros führt sein Sohn Luca die Galerie. *Piazza Luigi Mazzella 94 | Ponte | galleriamariomazzella.com | f6*

IMAGAENARIA

Wenn du gute Bücher suchst, auch auf Deutsch, findest du sie bestimmt hier. *Via Luigi Mazzella 46/50 | Ponte | f6*

BOCCIA

Die Bäckerei schlechthin auf der Insel. Lass dich nicht von dem Tante-Emma-Laden irritieren, im alten Holzkohleofen wird hier das tägliche Brot wie anno dazumal in bester Qualität gebacken.

INSIDER-TIPP
Pst! Nicht weitersagen!

In der Saison gibt es freitagabends geröstetes Freibrot für alle mit dem Schmelzkäse Caciocavallo. *Via Giovanni da Procida 45 | Ponte | f6*

SPORT & SPASS

Private Agenturen helfen weiter bei der Organisation von Ausflügen, Bootstouren und Inselrundfahrten per Bus oder Schiff, z. B.: *Il Quadrante Viaggi (Via Morgioni 48 | Porto | Tel. 0 81 99 14 33 | ilquadrante.com).*

ISCHIABARCHE

Der Zusammenschluss mehrerer Bootsbesitzer bietet eine Reihe verschiedener Bootstouren sowie Fahrten zu den archäologischen Relikten, die vor dem Strand von Cartaromana liegen. Auch Bootsverleih. *Via Pontano 3 | Tel. 0 81 98 48 54 | ischiabarche.it | e5*

STRÄNDE

Es warten schöne Sandstrände, von denen die beliebtesten aber außerhalb von Ischia Porto und Ischia Ponte liegen.

SPIAGGIA DEGLI INGLESI

Der „Strand der Engländer" trägt seinen Namen nicht umsonst. Sogar Winston Churchill hat seine Schönheit gepriesen. Er besteht aus feinem hellem Sand, an manchen Stellen aus kleinen Kieseln, und ist daher auch bei Kindern beliebt. Richte dich auf dem Weg nach Casamicciola, westlich vom Hafen, nach dem Schild, das den Weg zum steilen Abhang anzeigt. Unterhalb der Felswand liegt der kleine, ruhige Strand mit Badeanstalt und Trattoria. *N3*

Ischia Ponte im Sommer: Boote dümpeln in der Bucht und am Strand wird es voll

SPIAGGIA DI SAN PIETRO & SPIAGGIA DEL LIDO

Am Nordufer zwischen *Punta San Pietro* und *Punta Molina*, also östlich vom Hafen, erstreckt sich der größte zusammenhängende Sandstrand von Ischia Porto. Du findest private Strandclubs mit frei zugänglichen Abschnitten und kleinen Restaurants wie *Ippocampo* oder *Corrado*. Trotz der Hafennähe ist das Wasser hier eigentlich sauber. In der Hochsaison wird am Strand ordentlich was geboten. In der Nebensaison, wenn du quasi nur unter Fischern bist, wird die Stimmung richtig poetisch. O–P4

SPIAGGIA DEI PESCATORI

Nördlich vom Kastell ist am Ostufer der „Strand der Fischer" etwa zweimal so groß wie der von Cartaromana. Teils frei zugänglich, teils mit kleinen Badeanstalten. Und weil dieser legendäre Ischia-Strand so schön ist, wird es hier in der Hochsaison knallvoll. P5

CARTAROMANA

Der Sandstrandstreifen liegt unterhalb einer steilen, im Süden von einer wildromantischen Schlucht begrenzten Felswand. Am leichtesten erreichst du ihn über die Via Cartaromana. Vom Ortsteil San Michele aus kannst du auch eine Treppe aus schwarzem Lavastein nehmen, die zu der Stelle hinunterführt, wo ca. 40 Grad warme Quellen im seichten Meerwasser sprudeln. Oder du rufst die Bootsführer von *Ischiabarche (einfache Fahrt 5,50 Euro/Pers., hin und zurück 10 Euro | Tel. 081984854 | ischiabarche.it)* an und lässt dich von einem Taxiboot von Ischia Ponte aus (beim Burgdamm) zur *spiaggia* fahren – zum Sonnetanken auf den Klippen oder auch, um in netten Trattorien wie *I Pirati* oder *Da Maria* einzukehren. Dem Strand sind die *Scogli di Sant'Anna* vorgelagert, ein Dutzend Felsklippen. Die beiden größten Brocken hei-

INSIDER-TIPP
Im Wassertaxi zum Traumstrand

„Die Pfeiler" nennen die Ischitaner die Reste des römischen Aquädukts

ßen *A Seggia* und *Munsignore*. Ein Steg führt zu einem flachen Felsen aus dem eleganten Thermalpark *Giardino Eden (giardinoedenischia.it)*, dessen Gäste sich dort vom Meer umgeben in der Sonne aalen. *Q7*

WELLNESS

Etwa 16 Hotels in Ischia Porto und Ischia Ponte haben ihre eigene Thermalabteilung. Die Kur- und Behandlungspreise richten sich nach der jeweiligen Hotelkategorie. *terme-ischia.it*

TERME DI ISCHIA

Die öffentlich zugängliche Allround-Anlage mit modernen Einrichtungen liegt ganz zentral im Ortsteil *Villa Bagni*. Hier gibt es ein breit gefächertes Angebot an Kuranwendungen, die in unterschiedlichen medizinischen Bereichen Linderung bieten sollen: Rheumatologie, Dermatologie, Traumatologie, Sportmedizin, Hals-Nasen-Ohren-Heilkunde und Gynäkologie. Von November bis März wirbt diese, wie auch andere Einrichtungen, mit Spezialangeboten für Kur-, Wellness- und Beautybehandlungen. *Nur nach telefonischer Reservierung: April–Anfang Nov. Mo–Sa 7–12 Uhr, Anfang Nov.–6. Jan. u. März Mo–Sa 8–12 Uhr | Via delle Terme 15 | Porto | Tel. 08 19 85 48 9 | termeischia.eu | b3*

FESTE

Das *Fest der hl. Anna* am 26. Juli in Ischia Ponte ist einer der Festhöhepunkte der Insel: Wie Karnevalswagen ziehen fantasievoll gestaltete Boote zwischen der Burg und den Santa-Anna-Felsen vorbei, und um Mitternacht erlebst du den fulminanten (pyrotechnischen) „Brand" der Aragoneserburg. Vom Strand Cartaromana und von der Mauer des Piazzale delle Alghe hast du die beste Aussicht auf das funkelnde Lichtermeer der Boote.

AUSGEHEN & FEIERN

Im Sommer verwandelt sich die „Rive droite" (Via Porto) jeden Abend in eine Ausgehmeile: Hier findest du die angesagtesten Restaurants, Tavernen und Trattorien, manche locken mit neapolitanischen Schmachtsongs, die auch du im Urlaub vielleicht plötzlich gut finden wirst. Nur Lust auf einen Drink? Es gibt unzählige Straßencafés und Bars, die in der Saison oft Livemusik bieten.

PANE & VINO

An der „Rive Droite": sympathisches kleines Restaurant mit guten Imbissen und erstklassigen Ischia-Weinen. *Ostern–Sept. tgl. | Via Porto 19 | Porto | Tel. 0 81 99 10 46 | €–€€ |* *b2*

GIARDINO DEGLI ARANCI

Urige Taverne mit ischitanischer Küche, in der man auch nur ein Glas Wein genießen kann. Das Besondere: Folkloreabende mit neapolitanischen Ohrwürmern, immer ab 20.30 Uhr live (Gitarre!) präsentiert. *April–Anfang Nov. tgl. | Via Enea 4 | Porto | Tel. 0 81 99 11 50 | giardinodegliaranci.it | €€ |* *c3*

RUND UM ISCHIA

FIAIANO

9 km von Ischia Porto entfernt, rund 20 Min. mit dem Auto

Fiaiano liegt am Hang des Monte Arso, dessen 158 m hoher Krater heute bebaut und kaum noch erkennbar ist. Das beliebte Wohngebiet hat einen Belvedere mit Blick auf den Golf von Neapel. Tipp: Flüchte an heißen Tagen in die kühle Frische der herrlichen Pinienwälder um Fiaiano. Ein gutes Restaurant mit leckerer Bauernküche und hervorragendem Wein aus eigenem Anbau ist *La Vigna di Alberto (tgl. abends, nur nach tel. Vorbestellung | Via G. Garibaldi 87 | Tel. 0 81 90 11 93 | €€).* *M7*

AQUÄDUKT

3 km von Ischia Porto entfernt, rund 5 Min. mit dem Auto

Südwestlich von Ischia Ponte, dort wo schon die Gemeinde Barano beginnt, begegnest du bei Sant'Antuono einem vermeintlich antiken Baudenkmal: Das auf mächtigen Pfeilern aus Tuff- und Ziegelsteinen errichtete Aquädukt wurde jedoch zwischen 1570 und 1690 errichtet, um das Trinkwasser der Buceto-Quelle zum damals dicht besiedelten Castello Aragonese zu leiten. „I pilastri" (Pfeiler, Pilaster) nennt der Volksmund die Aquäduktreste. *O8*

CAMPAGNANO

4 km von Ischia Porto entfernt, 10–15 Min. mit dem Auto

Von Sant'Antuono oder San Michele kommst du bald zum etwas höher gelegenen Dörfchen Campagnano. Vom Hügel aus ist der Blick auf das Aragonesenkastell wunderschön. Hübsch ist der kleine Kirchplatz, an dem die mit Majolikakacheln geschmückte *Chiesa dell'Annunziata* aus dem 17. Jh. steht.

Von Campagnano aus erreichst du in etwa 30 Minuten die *Torri di Campagnano* (P-Q8), so heißt ein winziger Ort mit ein paar alten, malerischen, zum Teil noch bewohnten Bauernhäusern.

INSIDER-TIPP
Ländlich lecker schlemmen

Wie bei Freunden isst du im versteckt gelegenen Agriturismo *La Cantina Torre di Mezzo*, hier kommt das Gemüse aus dem eigenen Garten oder von Inselbauern *(Mitte März–Okt. tgl. | Mobiltel. 3451514338 | €)*. P8

PIANO LIGUORI

10–15 Min. mit dem Auto bis Campagnano, dann 2½ Std. Wanderung

Einer der schönsten Inselspaziergänge: Von Campagnano aus erreichst du nur zu Fuß die verschlafene, uralte 30-Seelen-Siedlung auf einem Plateau. Der Hohlweg, durch den du wanderst, ist grob gepflastert und führt zwischen den Weinbergen steil hinauf. Die Anstrengung lohnt sich – schon wegen des traumhaften Blicks auf Capri, den Golf von Neapel und den Vesuv. Überraschend schöne Aussichten bietet der Rückweg, wenn du oben der parallel verlaufenden Küstenlinie folgst. In dieser Gegend liegen urige Felsenhäuser und ein wunderschöner Wald. O9

PROCIDA

13 km vom Ort Ischia entfernt, rund 20 Min. mit dem Schnellboot

Die gerade mal 4,1 km² kleine Insel Procida ist ein ganz besonderes Fleckchen Erde im Golf von Neapel. Hier leben noch viele einfache Fischer und Bauern. Einen Run auf die Insel gibt es eigentlich nur im August, sehenswert ist die Insel davor und danach.

Alle Agenturen auf Ischia bieten Schiffsausflüge nach Procida an *(ab 27 Euro hin und zurück | ilquadrante.com | ca. 30 Min. ab Ischia Porto oder Casamicciola)*, auch Ganztagesausflüge mit geführter Inseltour *(ab 60 Euro)*. Infos, Öffnungszeiten oder Tipps, wie du per Kajak um die Insel kommst, findest du auf *visitprocida.it*.

INSIDER-TIPP
Nur Fliegen ist schöner

Wenn du für einen Tag von Ischia übersetzt, lernst du diese Insel am besten mit dem E-Bike kennen, das du gleich unten am Hafen auch nur für ein paar Stunden mieten kannst bei *Sprint* *(Via Roma 28 | Mobiltel. 3398659600 | ab 20 Euro/Tag inkl. Helm)*. Bequem im Sattel sitzend, geht es rauf und runter, an Zitronenhainen, Gemüse- und Weingärten vorbei und oft mit Blick über die Hügellandschaft aufs Meer.

Für Kulturfans ein Muss ist der Festungshügel – die Terra Murata mit dem *Palazzo D'Avalos (Öffnungszeiten s. Facebook: Palazzo d'Avalos – Isola di Procida | Eintritt 5 Euro)*, einst Adelspalast, später Gefängnis. Von hier hast du den besten Rundblick über Procida.

Die beiden schönsten Buchten heißen *Chiaiolella* (flacher anthrazitfarbener Sandstrand, Beachclubs, Bars und Restaurants) und die romantische Marina *Corricella* (gepflasterte Bucht, Restaurants, bezaubernde Häuschen in Pastell) mit ihren Fischerbooten, die schon oft als Filmlocation diente.

In der Bilderbuch-Hafenbucht Corricella empfiehlt sich das Restaurant *Caracalè (tgl., Sept.–Mai Di geschl. | Via Ma-*

Procida-Panorama: Blick von Santa Maria delle Grazie in der Oberstadt auf den Hafen

rina Corricella 62 | Tel. 08 18 96 91 92 | €–€€). Die jungen Chefköche Nicola und Salvatore zaubern leckere Fischgerichte, die sie im Sommer direkt am Strand servieren. Oder du gehst auf kulinarische Erlebnisreise: Der Küchenchef Aniello La Muro hat in internationalen Sterneküchen gelernt und tischt in Procidas Altstadt ganz unprätentiös lokale Produkte mit großer Phantasie auf – im *Sejá (März–Dez. Di–So abends, sonstige Öffnungszeiten s. Instagram | Via Principe Umberto 84 | Tel. 08 19 76 75 32 | @aniello217 | €€)*. Eine Fußgängerbrücke verbindet Procida mit der Mini-Insel Vivara (38 ha), die du nur nach Voranmeldung *(Di–So | 10 Euro | tickets.vivarariservanaturalestatale.it)* besuchen kannst. Das ehemalige königliche Jagdrevier ist heute als Naturschutzgebiet ein wichtiger Rastplatz für Zugvögel. *0*

SCHÖNER SCHLAFEN IN ISCHIA PONTE

BURGENROMANTIK

Hoch auf der Aragoneserburg wohnt man einfach, aber mit Stil, wo einst die Klarissinnen zu Hause waren. Ein Tipp für Romantiker und Individualisten. Das Frühstück wird auf einer atemberaubenden Panoramaterrasse serviert. *Il Monastero | 21 Zi. | Castello Aragonese | Ponte | Tel. 0 81 99 24 35 | ilmonasterocastelloaragoneseischia.com | €€*

CASAMICCIOLA

WELLNESS HOCH ZEHN

Der älteste Kurort Ischias zieht sich am Hang des Monte Epomeo hoch, viele der 8300 Ew. Casamicciolas *(🕮 J–L 3–4)* **leben idyllisch im Grünen. In dieser Gegend konzentrieren sich die meisten mineralhaltigen Thermalquellen der Insel – vielleicht war das ein Grund für die Griechen, im erhöht gelegenen Ortsteil Cretaio bereits im 6. Jh. v. Chr. eine erste Siedlung anzulegen.**

Höher am Hang liegt die Piazza Bagni, hier befinden sich elegante, historische Thermalanlagen. Die heißen Quellen haben schon den

Strahlend helle Fassaden: Das Alter sieht man Casamicciola gar nicht an, oder?

Promis des 19. Jhs. Linderung ihrer körperlichen Beschwerden geschenkt und Casamicciola damit berühmt gemacht. Dank seiner Thermalquellen heißt der Ort seit den 1950ern denn auch Casamicciola Terme, die Ischitaner sagen aber meist nur Casamicciola. Die erste große Therme des Orts stammt übrigens aus dem Jahr 1604: Die Bäder Pio Monte della Misericordia ermöglichten es damals mittellosen Kranken aus Neapel, ihre Leiden in Casamicciola zu kurieren. Der verlassene Gebäudekomplex nahe der Uferstraße erinnert noch daran.

CASAMICCIOLA

MARCO POLO HIGHLIGHTS

★ **GRAN SENTINELLA**
Ausblicke zum Niederknien ➤ S. 60

★ **ANTICHE TERME BELLIAZZI**
Quellgrotten zum Erleben ➤ S. 61

★ **IL FOCOLARE**
Sinnliches Slow-Food-Erlebnis in grüner Natur ➤ S. 62

★ **MENNELLA**
Feine Keramikkunst zum Anschauen und Anfassen ➤ S. 63

MARE TIRRENO

Spiaggia del Convento

L'Ancora

Mennella

Via Castiglione

Via Cumana

SP270

Via Salvatore Girardi

5 Rione Perrone

Pizzeria del Corso

Via Mortito

Via Don Luigi Orione

Via Bosco

Via Cretaio

Via Tresta

Via Cretaio

Via Vecchia Cretaio

Il Focolare

CASA-MICCIOLA

Casamicciola mit seinen vielen kleinen Zentren will entdeckt werden. Neben Cretaio und der Piazza Bagni ist Gran Sentinella ein attraktiver Ortsteil oben am Hang, eine wunderbare grüne Oase, in der schmucke Häuser zwischen Wein- und Obstgärten liegen.

Im unteren Teil Casamicciolas beeindruckt der respektable Hafen, in dem im Sommer eine Menge schicker Yachten ankern. Dazu gibt es regen Fährverkehr, denn nach Ischia Porto ist Casamicciola der zweitwichtigste Hafen der Insel. Viel befahren ist die Inselstraße SS 270, lebhaft geht es auf der zentralen Piazza Marina zu: Der Platz ist ein beliebter Treffpunkt mit Cafés und Geschäften.

An einen traurigen Moment in der Geschichte der Gemeinde erinnert eine geläufige Redewendung auf Ischia: „Qui succede Casamicciola", hier ist ein Chaos im Gange, sagt man seit dem tragischen 28. Juli 1883, als Casamicciola das Epizentrum eines heftigen Erdbebens und in nur 13 Sekunden fast völlig zerstört wurde. Über 2300 Bewohner starben damals unter den Trümmern ihrer Häuser.

SIGHTSEEING

1 GRAN SENTINELLA ★

In dieser 126 m über dem Meer gelegenen Siedlung auf dem westlichen Hügel mit herrlichen Ausblicken über Casamicciola aufs Meer und schönen alten Villen wohnte der italienische Freiheitsheld Giuseppe Garibaldi 1862 in der Villa Zavota am Ende einer Oleanderallee (heute Villa Parodi Delfino, *Via Castanito 122*). Der norwegische Dramatiker Henrik Ibsen, zu seiner Zeit ein Bestsellerautor, schrieb von Mai bis August 1867 in der Villa Pisani, damals das Hotel Albergo Europa, die ersten Akte seines berühmten dramatischen Gedichts „Peer Gynt" (am Ende der Sackgasse *Piccola Sentinella*). H–J3

2 SANTA MARIA MADDALENA

„Wir schaffen das!", sagten sich Casamicciolas Einwohner nach dem verheerenden Erdbeben 1883 und bauten hoffnungsvoll diese der Schutzpatronin der Gemeinde geweihte Kirche. *Piazza Parrocchiale* | J4

Casamicciola Terme ist ein entspannter Kurort mit langer Tradition

3 ANTICHE TERME BELLIAZZI ★

Klassisches Ambiente mit Säulen und Marmor bietet Ischias einzige Thermalanstalt, die auch zeigt, wie eine Quellanlage funktioniert. Besuch hier die faszinierende Gurgitello-Quelle in der gleichnamigen Grotte: In einem unterirdischen Gewölbe entspringt die Quelle der Erde; Teile der Bögen und Stützpfeiler, die das Gewölbe halten, sollen noch aus der Römerzeit stammen. *Besichtigung der Quellgrotten nur mit Begleitung nach Anfrage beim Pförtner (Trinkgeld empfohlen) oder über die Website | April–Okt. Mo–Sa 8–13 Uhr | Piazza Bagni di Gurgitello 122 | termebelliazzi.it |* *K4*

4 MARIA SS. DELLA PIETÀ

Die neoklassizistische, hell getünchte Fassade stammt von 1897 und zeigt am Eingang zwei fackeltragende Majolika-Putten mit grüngelben Flügeln. In der Apsis gibt es eine wertvolle Kreuzabnahme des Barockmalers Andrea Vaccaro (1598–1670) aus dem Jahr 1643. *Corso Luigi (am Meeresufer) |* *J3*

5 RIONE PERRONE

Aus dem Wiederaufbau Casamicciolas nach dem verheerenden Beben von 1883 stammt diese sogenannte Barackensiedlung, eine dicht gedrängte Ansammlung von Häuschen, die damals als Provisorium gedacht war und heute als denkmalgeschütztes Gassenviertel Perrone im unteren östlichen Ortsteil zu besichtigen ist. *L3*

ESSEN & TRINKEN

TAVERNA JANTÒ

Mit Blick über Casamicciola schmeckt die Bioküche des Restaurants noch besser! Auf den Tisch bringt Familie

Charmante, fotogene Pastellfassaden warten in Casamicciola an vielen Ecken

Castagna vorwiegend typische Inselgerichte mit regionalen Zutaten. Empfehlenswert ist hier auch ein abendlicher Aperitif. *Ostern–Weihnachten Mi–Mo | Via Grande Sentinella 32 | im Hotel Paradise Relais Villa Jantò | Tel. 0 81 90 05 79 | villajanto.com | €€ | H–J3*

INSIDER-TIPP
Wenn der späte Hunger kommt

BAR GINO

Von morgens bis spät in die Nacht: Das Kult-Strandbad ist bekannt für seine leckeren Snacks. Die tellergroße *bruschetta* mit Tomaten ist preis-leistungs-mäßig der Hit, die Locals stehen auf die *zingara:* Mozzarella, Schinken, Tomaten, Salat und Mayonnaise zwischen zwei Bauernbrotscheiben. Richtig lecker schmeckt auch der Auberginenauflauf. *April–Okt. tgl. 8–24 Uhr | Via Dottore Tommaso Morgera 49 | Mobiltel. 33 85 87 54 41 | € | J3*

ZELLUSO

Lust auf frischen Fisch? Oder einen Teller Spaghetti mit Miesmuscheln? In diesem spartanisch eingerichteten Lokal mit Papiertischdecken kommen klassische und simple Fischgerichte auf den Tisch, wie sie auch die Insulaner lieben: in Essig eingelegte Sardinen, Tintenfischsalat und gegrillte lokale Fischarten. Auch köstliche Pizza. *Tgl. | Via Parodi 41 | Tel. 0 81 99 44 23 | € | J3*

PIZZERIA DEL CORSO

Hier ist immer was los: Alle kommen, um eine gute Pizza zu essen. Es gibt aber auch andere leckere Gerichte aus der ischitanischen Küche. Und eine Kinderspielecke. *Tgl. | Corso Luigi Manzi 107 | Tel. 0 81 99 54 81 | corsoischia.it | €–€€ | K3*

L'ANCORA

Bistro, Pizzeria, Ristorante, hier gibt es für jeden Geschmack das passende Gericht, auch für den kleinen Hunger. Familiengeführtes Lokal mit Blick über die Straße auf den Strand. *Jan.–Ende Nov. tgl. abends, Sa/So auch mittags | Via Salvatore Girardi 37 | Tel. 0 81 19 30 38 41 | Facebook: L'ancora Bistrò | €–€€ | L3*

IL FOCOLARE ★

Slow Food könnte von Riccardo D'Ambra und seinen Kindern erfunden worden sein, und zum Genuss seiner sinnlichen Gerichte trägt auch das Grün bei, auf das man überall blickt. Dieses in den Hügeln versteckte Lokal ist ein Trip in die gute alte Zeit: mit traditioneller Hausmannskost vom Allerfeinsten und einem rustikalen Ambiente wie in der Nachkriegszeit, als Holz noch die Hauptrolle spielte. Besonders köstlich schmeckt der Kaninchenbraten. Von Casamicciola aus ist das Lokal in wenigen Autominuten zu erreichen. *Juni–Aug. tgl. abends, Sept.–Mitte Jan. u. März–Mai Do–Di abends u. So mittags | Via Cretaio al Crocifisso 3 | Tel. 0 81 90 29 44 | trattoriailfocolare.it | €€ | L5*

SHOPPEN

FISCHI D'ISCHIA

„A Ischia si mangia, si beve e si fischia" lautet ein italienisches Sprichwort: „Auf Ischia isst, trinkt und pfeift man", wobei das Pfeifen ganz eindeutig zweideutig ist. Luigi Mennella hat aus der Redensart ein ebenso einzigartiges wie unterhaltsames Souvenir kreiert. Seine Trillerpfeifen aus Ton gibt es für alle Lebenslagen mit einem lustigen Reim dazu. *Corso Luigi Manzi 11 | Facebook | J3*

INSIDER-TIPP
In aller Munde

LA CANTINA

Der Name verrät es schon: Aus dem Weinkeller angeboten werden lokale Weine und Liköre in Hülle und Fülle – mit persönlichen Tipps von Signor Agnese. *Corso Luigi Manzi 55 | J3*

MENNELLA ★

Riesig ist die Auswahl an kunstvoll bemalten Tellern und Töpfen in allen erdenklichen Farben und Formen bei den Brüdern Mennella, deren Familie seit 100 Jahren ihre Keramik in der einzigen Keramikfabrik der Insel herstellt. Vielleicht willst du auch mal vorbeischauen? *Via Salvatore Girardi 47 | an der SS 270 am östl. Ortseingang | M3*

SPORT & SPASS

PESCATURISMO

Für die Fischer ein Zubrot, für Touristen eine aufregende Ausfahrt ist der *pescaturismo:* mitfahren auf professionellen Fischerbooten, ein wenig mit anpacken und Interessantes erfahren über die Unterwasserwelt rund um die Insel. Der Ausflug endet in einer Strandtrattoria, wo der Fisch gleich in die Pfanne kommt. Das Ganze kostet je nach Dauer der Fahrten, Fangart und Fischimbiss ab 80 Euro pro Person. Ausfahrten bietet z. B. Crescenzo Mendella von der Kooperative *Ischia Fishing (Mobiltel. 34 83 38 22 47)* ab Casamicciola und vor allem auch ab Forio an.

STRÄNDE

Casamicciola hat vier schmale Strände: Einfach zu erreichen und deshalb im Hochsommer entsprechend voll ist die *Spiaggia della Marina (J3)*, ein Familiensandstrand, mit ein paar Felsformationen am Rand sowie zwei Strandbädern mit Bar. Er geht sanft ins Meer über. Juli und August ausgenommen, ist dies sicher der schönste Strand des Orts.

Die *Spiaggia del Convento* (K3) ist fast trapezförmig, ein heller, bequemer Sandstrand – etwa 50 Stufen führen hinunter ans Meer. Ein Teil der Bucht besteht aus freiem Strand, im anderen befindet sich ein Strandbad.

INSIDER-TIPP **Fantastisch für Frühaufsteher**

Feinen Sand bietet auch die weitaus kleinere *Spiaggia della Fundera*. Dieser Sandfleck ist aber nur in den Morgenstunden zu empfehlen – weil er unmittelbar in der Nähe eines Parkplatzes liegt, ist er ab 11 Uhr meist schon proppevoll *(beim Hubschrauberlandeplatz „Eliporto" Richtung Lacco Ameno | H3)*.

Die *Spiaggia Bagnitiello* (M3) bei der Bagnitiello-Quelle setzt sich aus kleineren Felsen zusammen, *i sassi di Bagnitiello* nennen sie die Ischitaner. Der Strand ist klein und wenig besucht, da er nicht so leicht zu erreichen ist. Nur ein kleiner, schmaler Weg führt längs des Thermalparks Castiglione hinunter zum Meer, am bequemsten kommst du noch mit einem Scooter hin.

WELLNESS

TERME MANZI

Wirklich exklusiv und auch charmant ist dieses zu einem Hotel gehörige Thermalbad, das sein Heilwasser aus der Gurgitello-Quelle bezieht. Wer Historisches mag, findet Garibaldis Badewanne hier. Für das Bad ebenso wie das Spa benötigen Besucher eine Reservierung. Die Terme musste nach dem Erdrutsch 2022 vorerst schließen, bei Redaktionsschluss stand das ge-

Thermalbad oder Strandbad? Das ist die entscheidende Frage in Casamicciola

naue Datum der Wiedereröffnung 2024 noch nicht fest. *Piazza Bagni 4 | termemanzihotel.com | J4*

PARCO BALNEARE MARINO O'VAGNITIELLO

Mit der grünen Natur im Rücken besticht dieser in Terrassen angelegte Hydrotherapiepark durch seine unmittelbare Nähe zum Wasser und den Blick aufs Meer. Die vier Becken werden mit Wasser aus der Bagnitiello-Quelle gespeist. *Mitte April–Mitte Okt. | Via Vicinale Bagnitiello 32 | Tel. 081 99 61 64 | vagnitiello.it | L3*

PARCO CASTIGLIONE RESORT & SPA

Aus Richtung Ischia Porto liegen die Thermalgärten kurz vor dem Ortseingang von Casamicciola in herrlicher Hanglage, deren Felsen bis hinab zum Meer reichen. Auf etwa 3 ha verteilen sich zehn Becken, darunter ein großes Schwimmbad mit Meerwasser, sieben Thermalpools im Freien und zwei Hallenbäder, deren heißes Wasser sich aus den Bagnitiello-Quellen speist und auf 30 bis 40 Grad heruntergekühlt ist.

Die Terrassen sind umrahmt von üppigem Grün, statt eigenem Strand gibt es ein künstliches Plateau auf Meeresebene. Der Thermalpark besticht von jeder Terrasse aus mit einer spektakulären Aussicht aufs Meer. Dazu kommen Wellness- und Beautyangebote, Terrassenrestaurant, Cafébar. Beeindruckend ist die Standseilbahn, die in den Park hinabführt. *Ende April–Okt. | Via Castiglione 62 | Tel. 081 98 25 51 | termecastiglione.it | M3*

RUND UM CASAMICCIOLA

MONTE ROTARO

3,5 km von Casamicciola bis zum Fuß des Bergs, rund 1½ Std. Wanderung

Ein vulkanisches Naturwunder: Du musst ja nicht unbedingt bis zum höchsten Punkt (266 m) des Kraterrands steigen. Auf der SS 270 Richtung Ischia Porto zweigt auf der rechten Seite kurz vor der Terme Castiglione ein befahrbarer Weg ab, der in den dichten Wald Bosco della Maddalena führt. Hier kannst du auch parken. Großartig ist der Blick in die Tiefe des bewaldeten Kraters und hinauf, wo er sich gegen den Himmel abzeichnet. Für Kinder gibt es hier Erdkunde live zu erleben: Dampfende Fumarolen steigen auf; der einstige Lavastrom floss von hier bis zum Meer. L4

SCHÖNER SCHLAFEN IN CASAMICCIOLA

IM PARADIES

Über Casamicciola liegt das kleine Hotel *Paradise Relais Villa Jantò (Via Grande Sentinella 32 | Tel. 081 99 46 61 | villajanto.com | 30 Zi. | €–€€ | H–J3)* mit einem genialen Ausblick über die Insel aufs Meer. Ein Gedicht sind die hausgemachten Marmeladen und Kuchen, die Signora Maria und ihre Töchter zum Frühstück auftischen.

LACCO AMENO

STYLISH-SCHÖN UND SCHLAMMIG

Fungo und Fango sind die Schlagworte! Bei Lacco Ameno *(🕮 F–H 1–3)* denken viele erst mal an das Wahrzeichen des Orts, den kuriosen, trotzig aus dem Meer ragenden Pilz gleich neben der kleinen Hafenmole. Das ist womöglich der dickste unter den Tuffsteinbrocken, die vor ewigen Zeiten vom Monte Epomeo den Hang heruntergekullert sind. *Fungo* heißt dieser Koloss, Pilz auf Italienisch. Bekannt ist Lacco Ameno auch für den Fango: Alle Welt verbindet damit den berühmten Heilschlick.

Schicke Wasserfälle sprudeln im Parco Negombo

Dieser kommt aus einem Ortsteil von Lacco Ameno, der Fango heißt. Nicht etwa der Ortsteil wurde nach dem Schlick benannt, sondern der Fango heißt so, weil er einst hier in Fango entdeckt wurde. Vom Fungo bis nach Fango ist es übrigens nur ein Katzensprung, Luftlinie gerade mal 1 km. Von West nach Ost misst Lacco Ameno auch nur 2 km und ist mit ca. 2 km^2 die kleinste Inselgemeinde. Und die feinste: Die elegante Uferpromenade zieht, seit der Verleger Angelo Rizzoli den Ort in den 1950ern mit einem Grand Hotel bestückte, mondänes Publikum an.

LACCO AMENO

Baia di San Montano
Parco Negombo
Via Guardiola
Via Nuovo Montevico
Corso Angelo Rizzoli
Il Mirto
SP270
Via Circonvallazione
Le Stufe
Villa Arbusto
4
Archäologisches Museum von Pithecusa
Strada Statale Forio-Lacco
100 m
109 yd

MARCO POLO HIGHLIGHTS

★ ARCHÄOLOGISCHES MUSEUM VON PITHECUSA
Wirf einen Blick in die Vergangenheit und auf das Prachtstück des Hauses – den Nestorbecher ➤ S. 71

★ INDACO
Genusstempel: sternegekröntes Restaurant mit Blick aufs Meer ➤ S. 73

★ PARCO NEGOMBO
Exklusiv, wild und international: ein besonderes Wonnebad in Ischias Thermen ➤ S. 74

★ TERME DELLA REGINA ISABELLA
Klasse Thermalwasser, erforscht von der Nobelpreisträgerin Marie Curie ➤ S. 75

LACCO AMENO

Eine Yachthafenpromenade, feine Restaurants und besonderen Komfort bietende Hotels machen Lacco Ameno (4800 Ew.) aus.

Die wenigen Straßen vor der Kulisse des im Nordwesten thronenden Hausbergs Monte Vico laden zum Shoppen und Genießen ein – ein Bummel ist im Vergleich zu einem Spaziergang durch Ischia Porto oder Forio ein leises Vergnügen. Kenner kommen hierher auch wegen der Thermalquellen, denen eine wohltuende Wirkung auf den Körper nachgesagt wird. Fragst du Einheimische, behaupten sie, das habe damit zu tun, dass ihre Thermalquellen die radioaktivsten der Welt seien. Ganz stimmt das zwar nicht, aber sie gehören zweifellos dazu. Marie Curie, die Physik- und Chemie-Nobelpreisträgerin, interessierte sich 1918 während ihres Erholungsaufenthalts im Ort für diese radioaktiven Quellen und benannte deren Wirkstoff Radon. Neben dem radioaktiven Heilwasser verspricht auch der damit angerührte Fango eine besondere Heilwirkung.

So richtig aufgeblüht ist der Tourismus in Lacco Ameno erst in den 1950ern: Damals verguckte sich der Filmproduzent und Verleger Angelo Rizzoli in den beschaulichen Ort. Damit die VIPs der Nachkriegszeit angemessen urlauben konnten, investierte er in exklusive Theramalanlagen und in den Bau eines Nobelhotels, in dem dann Stars wie Maria Callas, Liz Taylor und Richard Burton residierten. In kurzer Zeit kamen weitere Hotels, Bars und Restaurants dazu – das bescheidene Fischerdorf in seiner windgeschützten Bucht bekam sein elegantes Image.

SIGHTSEEING

1 MONTE VICO & TORRE ARAGONESE

Von der Piazza Santa Restituta führt ein bewachsener, steiler Weg hinauf zum *Monte Vico* (116 m) mit Blick auf Lacco Ameno, Casamicciola und den Golf von Neapel. Die Via Nuova Monte Vico bringt dich zum idyllisch gelegenen Friedhof und zum im 14. Jh. vom Aragonierkönig Alfons auf römischen Grundmauern errichteten Wachturm *Torre Aragonese*, der heute als Friedhofskapelle genutzt wird. *F1–2*

2 SANTA RESTITUTA

Die 1883 vom Erdbeben zerstörte Barockkirche wurde nach dem Wiederaufbau im Sommer 1886 eingeweiht. Die Fassade stammt aus dem Jahr 1910. Der Architekt verwendete eine besondere erdbebensichere Technik bei der Errichtung der 24 korinthischen Säulen. Das Hauptaltarbild (der hl. Augustinus des Neapolitaners Filippo Balbi) übertrifft an Qualität die Serie von zehn – ziemlich kitschigen – Bildern oberhalb der Seitenkapellen. Auf diesen erzählt der Maler Ferdinando Mastroianni die Legende der heiligen Restituta, Laccos Schutzpatronin. Die wechselhafte Geschichte der Kirche geht zurück bis in die Anfänge des Christentums in Lacco Ameno im frühen 4. Jh. *Piazza Santa Restituta* | *F2*

Mehr-Blick: Lacco Ameno mit Il Fungo und der Aussicht über Procida hinweg aufs Festland

3 MUSEO E SCAVI ARCHEOLOGICI DI SANTA RESTITUTA

Das Museum entstand Anfang der 1950er-Jahre, nachdem bei Restaurierungsarbeiten unter dem Boden der Santa-Restituta-Kapelle die frühchristliche Krypta mit zahlreichen Gräbern entdeckt wurde. Pfarrer Don Pietro Monti, ein leidenschaftlicher Archäologie-Fan und Anhänger des Ischia-Forschers Giorgio Buchner, sorgte damals nach der erfreulichen Überraschung für die Fortsetzung der Ausgrabungen – ohne öffentliche Hilfe. So kann man heute nicht nur museale Ausstellungsstücke angucken, sondern an Ort und Stelle ein Szenarium aus Kultur, Leben und Tod der Ischitaner erleben – von der frühen griechischen Zeit bis zur ersten christlichen Ära. Eine richtige kleine Siedlung mit Keramikbrennöfen, Werk- und Spielzeugen sowie Gräberfeldern (mit Bestattungsarten nach phönizischem, punischem und griechisch-römischem Brauch: in Amphoren oder mit überdachten Grabstätten). Unter der Erde führt der Besichtigungsweg unmittelbar an den freigelegten Funden vorbei. Das Museum soll nach Renovierung neu eröffnet werden, bei Redaktionsschluss stand der genaue Zeitpunkt nicht fest. *Piazza Santa Restituta 10* | F2

4 VILLA ARBUSTO

Dieses kleine ischitanische Paradies inmitten der mediterranen Landschaft war einst der Sommerwohnsitz des Mailänder Verlegers Angelo Rizzoli (1889–1970), der aus Lacco Ameno in den 1950ern einen Promi-Treffpunkt machte. Heute beherbergt die mit ihrer halbkreisförmigen Pergola großzügig angelegte Villa Arbusto (18. Jh.) das ★ *Archäologische Museum von Pithe-*

Was es mit diesem Terrakotta-Kopf auf sich hat? Das Archäologische Museum verrät es

cusa und lädt alle an der Inselgeschichte Interessierten auf einen Blick in die Vergangenheit ein: Am Monte Vico befand sich einst Pithecusa, die erste griechische Siedlung in Italien (um 770 v. Chr.). In der Antike gab sie der ganzen Insel ihren Namen. *Pithos* bezeichnet ein Tongefäß. Der Bezug kommt nicht von ungefähr: Das reiche Vorkommen an Ton beflügelte die Griechen vor Ort zu besonders schöner Keramik.

Im Museum sind die zahlreichen archäologischen Schätze zu sehen, die großenteils der deutsch-italienische Archäologe Giorgio Buchner in den 1950er-Jahren in der Bucht von San Montano ausgegraben hat. Die Funde reichen von der Vorgeschichte über die griechische Antike bis hin zur Römerzeit. Herzstück der Sammlung ist der Nestorbecher aus dem frühen 8. Jh. v. Chr. Dabei handelt es sich um einen einfachen Becher aus Terrakotta, mit dem wohl Wein gebechert wurde. Die Inschrift (um 730 v. Chr.) hat es jedoch in sich: Sie wurde nach dem Brennen eingeritzt und stellt das älteste weltweit bekannte Schriftstück in griechischer Sprache dar. Es ist eine Widmung an die Liebesgöttin Aphrodite in drei beschwingten Versen. Unbedingt sehenswert sind auch die Terrakotta-Maultierkarren und auf der Terrasse die uralte Natursauna *(stufa)* sowie die Hauskapelle mit Freskenspuren. Nach der Museumszeitreise in die Antike hast du von der Pergola aus einen herrlichen Blick auf den Golf, den einst auch die Gäste aus Hollywood genossen.

INSIDER-TIPP
Stars von damals gucken

Lust auf Promi-Klatsch und -tratsch macht in einem Villentrakt eine Fotoausstellung, die die Glamourjahre Ischias mit einigen von Rizzolis bedeutendsten Gästen zeigt – darunter Richard Burton, Sophia Loren, Herbert von Karajan und viele andere. *Wiedereröffnung nach Umbau in 2024, bei Redaktionsschluss standen die Öffnungszeiten noch nicht fest | Corso Angelo Rizzoli 210 | pithecusae.it | F2*

5 SANTA MARIA DELLE GRAZIE

An der Uferpromenade: schlichte Barockkirche der Fischer mit einem schlanken weißen Glockenturm (beide von Kuppeln gekrönt). Rechts am Eingang steht eine Kostbarkeit: eine *Herakles-Statue* aus dem 1. Jh. v. Chr., nicht nur mit dem üblichen Löwenfell und Keule ausgestattet, sondern auch noch mit dem Weihwasserbecken beladen. Die mit Barockengeln und -ornamenten umgestaltete Holzkanzel (15. Jh.) stammt vermutlich aus der alten Kathedrale von Ischia Ponte. *Corso Angelo Rizzoli | G2*

6 HAFEN

Vor Lacco Ameno liegt der bezaubernde kleine Yachthafen der Gemeinde. Er ist mit einem zusätzlichen Anlegeplatz für Hochseeyachten ausgestattet. Daher gibt es im Hochsommer viel zu gucken, wenn hier spektakuläre Privatyachten vor Anker gehen. *G2*

ESSEN & TRINKEN

INDACO ★

Restaurant mit filmreifer Kulisse: Die Tische stehen direkt am Meer an einer klitzekleinen Privatbucht. Abends geht der Blick auf die Lichterkette von Lacco Ameno. Zu schlemmen gibt's die fantasievolle Bio-Gourmetküche mit Schwerpunkt Fisch des mit einem Michelinstern ausgezeichneten Chefkochs Pasquale Palamaro. *Ende April–Ende Okt. Mi–Mo abends | Piazza Santa Restituta 1 | Tel. 081 99 43 22 | €€€ | F2*

DELFINO

Uriges Fischrestaurant direkt am Meer mit Fifties-Flair; hier sitzt du unter den italienischen Stammgästen. Köstlich schmecken die *spaghetti allo scoglio* (mit Venus- und Miesmuscheln), immer gut: *il pescato del giorno,* der Fisch des Tages. *März–Okt. tgl. | Corso Angelo Rizzoli 106 | Tel. 081 90 02 52 | €€ | G2*

LA BATTIGIA

Das Restaurant mit Bar ist unscheinbar, hat aber nach hinten raus Tische direkt am Wasser. Es gibt leckere Kleinigkeiten für preisbewusste Genießer. Die Spezialitäten von Signor Mauro sind die mit Schinken, Mozzarella und Auberginen überbackene Brotscheibe *zingara* und Spaghetti mit Muscheln. Im Sommer machen auch mal nur eine *bruschetta* und ein Glas Wein glücklich. *Corso Angelo Rizzoli 5 | Tel. 081 90 08 37 | € | G2*

LE STUFE

Neben der glamourösen Villa Arbusto im Grünen gelegen, bezaubert die einfache Osteria mit ihrem rustikal-gemütlichen Flair und schmackhafter mediterraner Bauernküche. *April–Okt. tgl. abends | Corso Angelo Rizzoli 210 | Mobiltel. 32 86 25 05 84 | €–€€ | F2*

IL MIRTO

„Aus der Erde auf den Tisch" lautet das Motto von Tommaso Luongo. Er kocht phantastisch mit lokalem Gemüse, meist bio, vegetarisch und auch vegan. *Mitte April–Mitte Okt. Fr–Mi abends, unbedingt reservieren | Via*

Auf dieser Insel fast Pflichtprogramm: mit einem Boot losschippern

Provinciale Lacco 284 | Tel. 0 81 99 79 78 | €€–€€€ | F2

SHOPPEN

MARINELLA
Hier findest du das richtige Outfit für den Strand: Bademode, Hüte und handgefertigte Sandalen. *Corso Angelo Rizzoli 170 | F2*

STELLA DI MARE
Schicke, ausgesuchte italienische Mode für sie, im Sommer feines Leinen. *Corso Angelo Rizzoli 150 | F2*

DE VIVO ISCHIA TESSILE RICAMI
Edles Tuch: Der Laden hat wunderschöne gewebte und geklöppelte Bad- und Tischwäsche sowie Nachtwäsche mit viel Spitze. *Via Roma 34–36 | G2*

STRÄNDE

Die mondsichelförmige Sandbucht *Baia di San Montano (E–F 1–2)* am nördlichsten Ende von Lacco Ameno ist wunderschön gelegen. Ein Teil gehört zum Thermalpark Negombo, der die hellgraue Sandfläche zusammen mit einem Strandbad ordentlich mit Liegestühlen ausstattet. Hier kannst du im Mai, Juni und September ein Tret- oder Ruderboot mieten *(Boot ab 10 Euro/Std.)*. An der westlichsten Seite der Bucht gibt es auch einen öffentlichen Strand, im Wasser dort unterhalb der Küste befinden sich mehrere sehr heiße Quellen.

INSIDER-TIPP
Eine Meeresrunde drehen

Die *Spiaggia di Varulo (F2)*, auch *Spiaggia delle Monache* (Nonnenstrand) genannt, liegt am Fuß des Monte Vico in einer kleinen Bucht und besticht durch smaragdgrünes, klares Wasser, das je nach Tageszeit in allen Schattierungen glitzert. Erreichbar ist der Strand nur übers Meer, deshalb kannst du ihn manchmal auch allein genießen. Die *Spiaggia del Fungo (G2)* heißt nach dem pilzförmigen Felsbrocken, der sich in unmittelbarer Nähe befindet: Dieser kleine Strandfleck liegt ganz zentral und besticht durch seinen hellen Sand. Im Hochsommer findest du hier aber leider nur selten ein Plätzchen für dein Handtuch.

WELLNESS

PARCO NEGOMBO ★
Eine Thermalanlage wie aus dem Bilderbuch, die dank hervorragender Landschaftsarchitekten jedes Jahr noch

mehr beeindruckt. Auf mehreren Ebenen warten hier verschiedene Thermalbecken, Heiß-Kalt-Labyrinthe, Terrassen mit Liegen, Fruchtbars, moderner Kunst – und das vor der Kulisse der mit mediterranem Grün bewachsenen Felsen, die die zauberhafte Bucht San Montano einrahmen. Bei den Kur- und Wellnessabteilungen, meist in der freien Natur gelegen, hast du die Qual der Wahl; gute Laune macht auch das große Meerwasserschwimmbad. Romantiker gönnen sich ein Wellenbad im privaten Strandabschnitt der Bucht. *Mitte April–Mitte Okt. | Baia di San Montano | Tel. 0 81 98 61 52 | negombo.it | 🕮 F2*

TERME DELLA REGINA ISABELLA ★

Von dem Verleger und Filmproduzenten Angelo Rizzoli 1956 gegründet, zählt das bekannteste Thermalbad der Insel heute noch zu den exklusivsten. Geboten wird ein breites Spektrum an Anwendungen. Die Therme liegt traumhaft in der Bucht, zentraler geht es nicht. *Ostern–Anfang Nov. tgl. 8–20 Uhr | Piazza Santa Restituta 1 | Tel. 0 81 99 43 22 | reginaisabella.com | 🕮 F2*

AUSGEHEN & FEIERN

Auf der Freilichtbühne des *Negombo-Thermalparks* an der Bucht von San Montano treten im August die beliebtesten Schlagersänger Italiens auf *(ab Juli Infotel. 0 81 98 61 52 | 🕮 F2)*. Und von Juni bis Sept. gibt es in der *Villa Arbusto (Infotel. 0 81 99 61 03 | 🕮 F2)* abendliche Konzerte und wechselnde Ausstellungen.

RUND UM LACCO AMENO

CANTINE DI CRATECA ⚑

Rund 2 km von Lacco Ameno entfernt, 5 Minuten mit dem Auto

Die Brüder Castagna haben aus einem alten Bauernhaus mit Weinkeller ein Kleinod gemacht. In ihren Weinbergen produzieren sie vor allem einen köstlichen Weißwein. Interessant sind die Weinproben, die einmal pro Woche abgehalten werden: Erst gibt's einen lehrreichen Spaziergang durch die Weingärten, dann eine Einführung in die Besonderheiten des Inselweins (auch auf Deutsch mögl.) und ein Abendessen mit regionalen Delikatessen. Für diese Besichtigung ist eine telefonische Voranmeldung erforderlich; der Wochentag der Veranstaltung variiert. *Via Crateca Lacco Ameno 40 | Tel. 0 81 99 49 02 | vinicratecaischia.it | 🕮 G4*

SCHÖNER SCHLAFEN IN LACCO AMENO

ELEGANZ IM BLICK

Mitten im Grünen liegt die *Albergo Terme San Lorenzo (77 Zi. | SS 2370, km 23 800 | Forio | Tel. 0 81 99 41 15 | albergosanlorenzo.com | €€ | 🕮 F2)*, ein schmuckes, familiengeführtes Hotel mit toller Aussicht auf die keine 800 m entfernte Bucht Lacco Ameno. Hauseigene Therme und sechs Pools, zum Teil mit Panoramablick.

FORIO

MAGNETISCH ANZIEHENDE MITTELMEERIDYLLE

Der architektonische Star von Forio (*🕮 C–D5*) ist Santa Maria del Soccorso, die blendend weiß gekalkte Seefahrerkirche auf dem von Klippen umgebenen Felsplateau. Weithin sichtbar, scheint sie über dem weiten Meer zu schweben. Vom Kirchvorplatz aus hast du einen grandiosen Rundblick: vor dir die pastellbunten Häuserwürfel des Orts, dahinter das sattgrüne Bergmassiv des Epomeo. Der Blick schweift von der zerklüfteten Landzunge Zaro mit der Spitze Punta Caruso im Norden über die weiten Strände San Francesco

Das Forio-Panorama – Meerblick und Bergsicht in einem

und Chiaia, den Hafen Forios, bis nach Süden zur Citara-Bucht mit der ins Meer ragenden Felskuppe Punta Imperatore.

Der Name Forio könnte vom italienischen *rifiorì* (blühte wieder auf), Romantiker behaupten sogar von *fiore* (Blume) hergeleitet werden – tatsächlich blüht eine pinkfarbene Rose im Stadtwappen. Bei der Namensgebung des schönen Citara-Strands haben sich die antiken Inseleinwohner wohl von der Venus inspirieren lassen: Citara klingt nach der der Schönheitsgöttin zugeschriebenen Geburtsinsel Kythira.

FORIO

MARE TIRRENO

2 km, 5 Min.

Spiaggia di Chiaia

270

Saturnino ★

Forio S. 80

Santa Maria del Soccorso ★

3 km, 35 Min.

Giardini Ravino ★

4

6 km, 15 Min.

Spiaggia Cava dell'Isola

Spiaggia di Citara

Cuotto

Giardini Poseidon ★

Cantine di Pietratorcia ★

7 Punta Imperatore mit Leuchtturm

MARCO POLO HIGHLIGHTS

★ **SANTA MARIA DEL SOCCORSO**
Bezaubernde Wallfahrtskirche über dem Meer ➤ S. 80

★ **SATURNINO**
Handgemachte Pasta, frischester Fisch – eine Spitzenadresse mit Blick auf den Hafen von Forio ➤ S. 83

★ **CANTINE DI PIETRATORCIA**
Klasse Weine und feine Gourmetküche im Weinberg ➤ S. 84

★ **GIARDINI POSEIDON**
Einzigartiger Wasser- und Wellness-Spaß in Thermalbecken und am Meer ➤ S. 85

★ **LA MORTELLA („DIE MYRTE“)**
Aus einer Felsenwüste entstand dieses Pflanzenparadies ➤ S. 87

★ **GIARDINI RAVINO**
Was für eine herrlich grüne Oase zum Entspannen ➤ S. 89

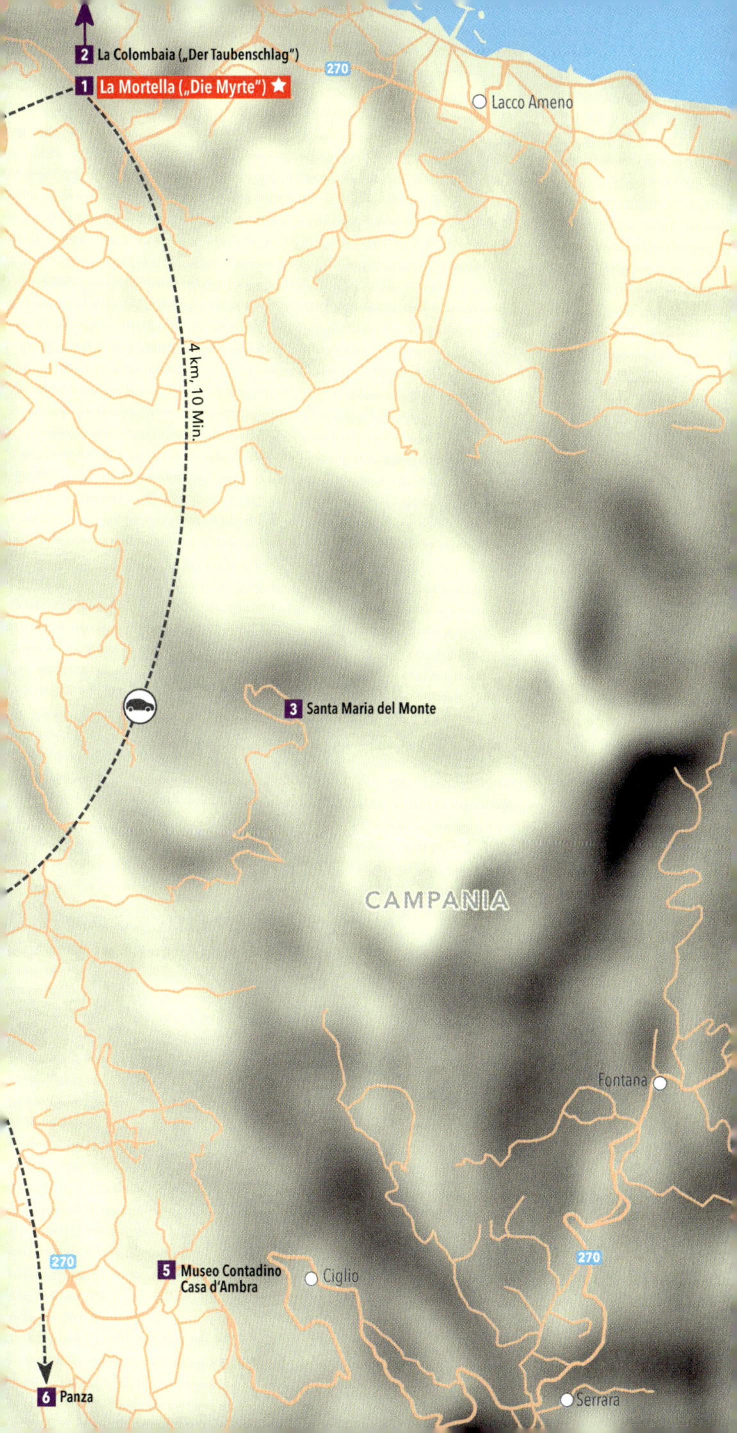

2 La Colombaia („Der Taubenschlag")
1 La Mortella („Die Myrte")
270
Lacco Ameno
4 km, 10 Min.
3 Santa Maria del Monte
CAMPANIA
Fontana
270
270
5 Museo Contadino Casa d'Ambra
Ciglio
6 Panza
Serrara

FORIO

Forio (17 700 Ew.) ist bekannt als Sehnsuchtsort für Kreative. Nach dem 2. Weltkrieg entdeckten ihn Künstler, Literaten, Regisseure und Komponisten als Sommerreiseziel. Angesagt war damals die mitten im Zentrum gelegene Bar *Maria – Caffè Internazionale.* Schriftsteller wie Tennessee Williams und Truman Capote waren zu Gast bei der originellen Wirtin Maria Senese. Der spätere Literaturnobelpreisträger Pablo Neruda schaute während seines Exils 1952 öfter vorbei, und zwei italienische Enfants terribles, der Regisseur Pier Paolo Pasolini und der Schriftsteller Alberto Moravia, sollen bei süffigem Inselwein oft bis zum Morgengrauen diskutiert haben. Die Bar gibt es noch! Du findest sie an der Piazza Matteotti 15, wo abends alle flanieren, weil um den Platz die angesagtesten Cafés und Lokale liegen.

Bleib beim Bummel durch den Ort unbedingt neugierig und schau in die Innenhöfe der schönen alten Häuser in der Altstadt. Wenn du auf einen der trutzigen Wehrtürme *(torrioni)* stößt, erzählt dieser etwas aus einer dunklen Epoche Forios: Arabische Piraten hatten es im 15. und 16. Jh. auf die italienische Küste abgesehen, besonders gern überfielen sie dabei Inseln wie Ischia, raubten den Kirchenschmuck und Frauen. Die Angst vor den Piraten steckte den Einheimischen noch lange in den Knochen. In ihrem Aberglauben ist sie spürbar geblieben: Bis heute fürchten sie im Alltag schwarze Katzen als Unheilsbringer – die Samtpfoten sollen mit den Piraten auf die Insel gekommen sein.

Bei einer Wanderung vom San-Francesco-Strand die Flanke der Zaro-Halbinsel hinauf, in deren üppiger Natur sich stattliche Sommerhäuser verstecken, erreichst du den Belvedere mit dem schönsten Blick auf die Küstenlandschaft Forios. Vielleicht bist du ja ein großer Glückspilz und beobachtest ein sehr seltenes, sehr kurzes Naturphänomen: den „Grünen Strahl" beim Sonnenuntergang am Ende eines schönen Sommertags. In dem Augenblick, wenn die Sonne ins Meer taucht, leuchtet plötzlich ein grüner Schimmer am Horizont auf. Wer das erlebt, so heißt es auf Ischia, blickt ins Innerste seiner Seele, so klar und unerschrocken wie nie zuvor. Sicherer ist aber diese Glücksquelle: Die Insulaner schwören auf den jeden Nachmittag einmaligen Sonnenuntergang, den auch du an den Stränden Forios so schön wie nirgends sonst auf Ischia erleben kannst.

SIGHTSEEING

SANTA MARIA DEL SOCCORSO ★

So, wie sie heute dasteht, wurde die Wallfahrtskirche 1791 von Seefahrern in Auftrag gegeben. Sie hat etwas Byzantinisches, etwas Maurisches und etwas typisch Süditalienisches – und sie ist bestechend schlicht! Attraktiv sind auch die Assymetrie ihrer Freitreppe und der Kontrast der kalkweißen Fassade zum dunkelgrauen Peperinstein, auf dem sie thront.

Die Heiligenbilder und die bunten Dekorationen auf den Majolikafliesen an den Stufen stammen aus dem späten 18. Jh. Die Segelschiffmodelle am oberen Sims der Pfeiler sind Votivgaben der Fischer und erinnern an das Thema der Seenotrettung: Deshalb haben die Fischer und Seeleute ihre Kirche der „rettenden" Jungfrau Maria geweiht. *B5*

PIAZZA DEL MUNICIPIO

Auf dem Weg von der Seefahrerkirche Santa Maria del Soccorso durch die Altstadt kommst du an der stimmungsvollen Piazza del Municipio vorbei. Abends wird es hier still, und die Laternen beleuchten andächtig die schmucken Fassaden des alten Rathauses, der Kirche *San Francesco d'Assisi* und der Kirche *Santa Maria di Visitapoveri.* Das *Rathaus* war einst ein Franziskanerkonvent, im Innenhof siehst du noch den Kreuzgang. Die dazugehörige San-Franziskus-Kirche *(nur zur Sonntagsmesse geöffnet)* ist mit weißem Stuck dekoriert und zeigt Werke von Malern der neapolitanischen Schule. Neben dem Franziskanerkonvent betrittst du durch eine anmutige Torfassade den Vorhof der *Kirche der hl. Maria der Erzbruderschaft der Armenbesucher (Chiesa dell'Arciconfraternita di Santa Maria Visitapoveri | Sonntagnachmittag geöffnet).* *C5*

MUSEO CIVICO DEL TORRIONE

Im restaurierten Wachturm (um 1480) gibt es Kunst in bedeutenden Wechselausstellungen zu erleben. Während der Saison werden regelmäßig Bücher vorgestellt und Kulturthemen diskutiert. Im ersten Stock außerdem zu sehen: Skulpturen und Grafiken des Heimatdichters und Künstlers Giovanni Maltese (1852–1913), der jahrzehntelang in diesem Turm lebte. *Tgl. 9.30–12.30 u. Mai–Sept. 19.30–22.30, Okt.–April 16.30–19.30 Uhr | Via del Torrione 32 | Eintritt 2 Euro | iltorrioneforio.it | C5*

Schön, auch wenn's heiß ist: durch Forios schattige Gassen bummeln

SAN GAETANO

In Forios Ortskern grüßt schon von weit her die formschöne Kuppel der um 1655 von Seeleuten und Fischern erbauten Kirche. An ihrer Südseite zeigt eine Sonnenuhr immer die richtige Zeit an. *Piazza San Gaetano | C5*

SANTA MARIA DI LORETO

Die von zwei Glockentürmen eingerahmte Barockfassade der pompejanisch-rot gefärbten Basilika stimmt schon auf ihr prunkvolles Inneres ein.

Dreischiffig ist der überwältigende Raum, die Kassettendecke reich mit Gold verziert. Die Marmordekoration kommt farbenprächtig daher, wie die Neapolitaner es lieben. Schwarz-weiß kariert hingegen ist der Boden aus ligurischem Marmor. Zu den Kunstwerken gehören Tafelgemälde des Forianers Cesare Calise. Ein Außenmosaik des Hamburger Malers Eduard Bargheer (1901–79), eines Ehrenbürgers von Forio, sticht geradezu ins Auge.
In ihrer heutigen Gestalt stammt die Kirche aus dem 18. Jh., gegründet wurde sie im 14. Jh., umgebaut im 16. Jh. Betritt man durch eine Seitentür das einschiffige *Oratorio dell'Assunta,* faszinieren unter dem Tonnengewölbe (1585) das weiße Stuckwerk und die bemalte Orgelempore aus dem 17. Jh. *Corso Umberto I* | *C5*

SAN VITO

Ihrem Star unter den Ortsheiligen haben die Einheimischen im Mittelalter als Erstes eine Kirche gebaut. Heute umrahmen gleich zwei Glockentürme die ruhige Barockfassade. Innen waren die ischitanischen Maler Cesare Calise und Alfonso Di Spigna am Werk. Ein Prachtstück ist die Silberstatue des hl. Vito, ein Werk des renommierten Bildhauers Giuseppe Sammartino aus Neapel (18. Jh.). *C5*

SAN CARLO AL CIERCO

Die Besonderheit der 1620 erbauten Kirche: Der Zahn der Zeit konnte dieser Zeugin des 17. Jhs. nichts anhaben. Einheimische Kunsthandwerker hatten allen Zierrat in minutiöser Kleinarbeit aus dem reichlich vorhandenen grünen Tuffstein gemeißelt. Im

Inneren befindet sich ein sehenswerter Gemäldezyklus des örtlichen Barockmalers Cesare Calise. *Im Ortsteil Cierco bei Monterone | C5*

ESSEN & TRINKEN

UMBERTO A MARE

Elegantes Restaurant direkt über dem Meer. Es gibt klasse Fischgerichte, die je nach Saison die Tageskarte bestimmen, und eine erlesene Weinkarte. Traumhaft auf einem Felsplateau unterhalb der Kirche Santa Maria del Soccorso gelegen, bietet die Terrasse einen einmaligen Blick auf den Horizont. *Anfang Mai–Okt. Mi–Mo | Via Soccorso 8 | Tel. 0 81 99 71 71 | umbertoamare.it | €€€ | B5*

SATURNINO ★

Eine kulinarische Spitzenadresse: Ciro und Stefania interpretieren die klassische ischitanische Küche neu und legen größten Wert auf frischesten Fisch. Schöner Blick auf Forios Hafen – obwohl der Blick auf die kunstvoll arrangierten Teller mindestens genauso schön ist. Aufmerksamer Service. Es ist ratsam, einen Tisch zu reservieren. *Mitte Juni–Mitte Sept. tgl., sonst Do–So, manchmal Mo–Mi | Via Marina sul Porto di Forio | Tel. 0 81 99 82 96 | ristorantesaturnino.it | €€€ | C5*

STRAMBATA

Hier stehen die Einheimischen im Sommer Schlange, um eine saftige Pizza oder lecker getoastetes *bruschettone* (mit frischen Tomaten) draußen auf der Piazzetta zu genießen. *Ostern–Nov. tgl., sonst Di geschl. | Piazza Balsofiore 14–15 | Tel. 0 81 99 82 50 | € | C5*

LA TINAIA

In dem zentral gelegenen, schlicht eingerichteten Lokal gibt es sowohl eine große Auswahl an Pizzen als auch typische Gerichte. Wer abends wenig essen will, bekommt eine Bruschetta und ein Glas Wein für 5,50 Euro. Gedeck und Brot inklusive. *Tgl. | Via Matteo Verde 39 | Tel. 0 81 99 84 4 88 | C5*

DA PEPPINA DI RENATO

Ein traumhaftes Ausflugslokal in den Weinbergen mit Weitblick über Landschaft und Meer. In einem Ambiente aus Bauerntrödel und Kristallgläsern serviert das charmante Wirtspaar Sebastiano und Rita gut gewürzte ischitanische Landküche; Spezialität: Fleisch vom Holzofengrill. *Ostern–Ende Mai u. Mitte Sept.–Okt. Do–Di, Juni–Mitte Sept. tgl., nur abends | Via Montecorvo 112–114 | Tel. 0 81 99 83 12 | €€ | E7*

INSIDER-TIPP
Der beste Inselbraten

DI MEGLIO

Pizzabäcker Riccardo Di Meglio ist gefragt, bei Einheimischen wie bei Touristen. Einen Tisch solltest du unbedingt vorab reservieren, für die Pizza zum Mitnehmen musst du Schlange stehen. Es lohnt sich, die Pizzen sind köstlich, ebenso die frittierten Teigbällchen, serviert wird alles von seinem lächelnden Team. *Tgl. | Via Tommaso Cigliano 117 | Tel. 0 81 18 13 41 98 | €–€€ | D3*

INSIDER-TIPP
Genial gebacken und serviert

SHOPPEN

LA CONCHIGLIA

Direkt im Zentrum von Forio führt dieses geräumige Geschäft ein breites Angebot an schöner Keramik, lokalen Schmuckkreationen sowie Souvenirartikeln. Und so manche interessante Information auf Deutsch: Die Ladenbesitzerin, Signora Heidi, ist gebürtige Deutsche. *Via E. Di Lustro 17 | C5*

FRANCO CALISE/COSTANTINO PUNTO

Der Maler Franco Calise setzt mythologische Figuren und Heilige in Szene mit seinem ebenso barocken wie luftig-leichten Duktus. Sein Atelier teilt sich der renommierte Künstler mit Costantino Punto, der sich in seiner Keramikmalerei auf Blumen fokussiert. Interessant ist es, den Kreativen beim Arbeiten über die Schulter zu schauen! *Via Matteo Verde 27 | C5*

CANTINE DI PIETRATORCIA ★

Auf dem Weg nach Panza, in Höhe der Abzweigung zur Punta Imperatore, gelangt man zu dieser Weinkellerei. In wunderschön restaurierten alten Tuffsteingemäuern kann man gute Inselweine verkosten und kaufen, unter einer Laube große und kleine Imbisse schnabulieren oder die Gerichte der hervorragenden Küche genießen (€€). Die Betreiber sind engagierte junge Winzer aus drei alteingesessenen Winzerfamilien, die sich für die Wiederaufnahme und Verfeinerung der Ischitaner Weinbautradition starkmachen. *April–Okt. 11–13.30 u. 17.30–21 Uhr | Panza | Via Provinciale Panza 267 | Tel. 0 81 90 72 32 | pietratorcia.it | D8*

SPORT & SPASS

Am einzigen komplett freien Strand Ischias, dem von *Cava dell'Isola (C7)* in Forio, gibt es eine Beachvolleyballanlage für jedermann, im Hochsommer werden aber auch an anderen Stränden der Insel kleine Turniere organisiert. *ischiapallavolo.com*

STRÄNDE

Ganz besonders kinderfreundlich ist die *Spiaggia di San Francesco (D2–3)*. Der 1 km lange Sandstrand erstreckt sich südlich von Punta Caruso vor einer Hotelkette bis zum weniger feinen, unruhigeren, aber ebenso

Giardini Poseidon: prima Anlaufstelle für Wellnessfans und Wasserratten

sauberen und dafür breiteren *Chiaia-Strand (D4)*. Liegestühle und Sonnenschirme gibt es bei diversen kleinen Badeanstalten, die auch Snacks und mehr anbieten. Beide sind im Hochsommer sehr überlaufen, sicher auch, weil sie bequem zu erreichen sind. Außerhalb von Juli und August zählt der Chiaia-Strand mit zu den schönsten Stränden der Insel.

Schön, feinsandig und gepflegt: Die 2 km lange, bekannte und beliebte *Spiaggia di Citara (C7–8)* breitet sich unterhalb der Poseidongärten aus. An den Citara-Strand schließt sich nördlich die *Spiaggia Cava dell'Isola* an, die besonders bei jungen Leuten beliebt ist, an der aber auch Kinder prima Eimer und Schaufel rausholen können. Traumhaft schön sind von beiden Stränden aus die Sonnenuntergänge zu erleben. Am Citara-Strand gibt es im Hochsommer auch oft Livemusik.

WELLNESS

GIARDINI POSEIDON ★

Zwischen einer langen Tuff-Felswand und dem Sandstrand Citara erstreckt sich auf 60 ha der aufwendigste und erste Thermalgarten Ischias in einer herrlichen Badelandschaft: Zwischen Blumengärten, Palmen, Kakteen und Oleander liegen 17 Thermalbecken mit Wassertemperaturen von 15 bis 40 Grad (drei davon sind Hallenbäder), drei Meerwasserbecken plus moderne Anlagen für Kur- und Wellnessbehandlungen. Der südliche Teil des Citara-Strands gehört ebenfalls zu diesem aufregend schönen Thermalpark – alles super aufmerksam gepflegt und seit den 1960ern spürbar in deutscher Hand.

INSIDER-TIPP
Das Panorama ganz für sich haben

Exklusiv sind die Bereiche der *Terrazze VIP Belvedere:* Privatterrassen zum Mieten, auch stundenweise. Besonderer Tipp: eine Vierhand-Massage unterm Sonnensegel! *Ostern–Ende Okt. | Spiaggia di Citara | Tel. 08 19 08 71 11 | giardiniposeidonterme.com |* *C8*

FESTE

CORSA DELL'ANGELO

Ein Erlebnis: Im Ortszentrum startet bei der *Kirche der hl. Maria der Erzbruderschaft der Armenbesucher* am Vormittag des Ostersonntags der bei den Ischitanern sehr beliebte „Engelslauf". Der Engel wird von Mitgliedern der Bruderschaft dreimal auf dem Corso Umberto zwischen Jesus sowie der Madonna und Johannes hin- und hergetragen. Glaub bloß nicht, das wäre eine gemächliche Prozession: Der Engel fliegt im Laufschritt, schließlich gilt es, schnell die freudige Botschaft von der Auferstehung des Herrn zu verkünden.

LA SERATA FORIANA

Von Juni bis September lädt Forio jeden Donnerstagabend auf ein Straßenfest ein: Vor und in vielen Restaurants gibt es Livemusik, Straßenkünstler treten auf und es wird Streetfood angeboten.

ANDAR PER CANTINE

Frei übersetzt heißt dieses Event „durch die Weinkeller ziehen". Weinbegeisterte Ischitaner feiern sich und ihre Insel mit allen Weingärten im

Achtung, Engel unterwegs! Die Corsa dell'Angelo am Ostersonntag ist ein Spektakel

September. Nach der Hochsaison und der Weinlese machen sie gern frei, um während dieser Weinwoche zusammen mit Touristen an einer der zahlreichen Weinverkostungen und -touren teilzunehmen: Namhafte Weingüter wie *Casa D'Ambra, Le Cantine di Pietratorcia, Cantine di Crateca* und *Cenatiempo* öffnen ihre Tore ebenso wie einfache Bauern, die ihren Hauswein anbieten.

INSIDER-TIPP
Salute, Ischia!

AUSGEHEN & FEIERN

Zwischen Hafen und Punta del Soccorso liegen die meisten Restaurants und Bars.

KONZERTE IN LA MORTELLA

In dem Museum, das dem Andenken des englischen Komponisten William Walton gewidmet ist, veranstaltet die Walton-Stiftung im Frühsommer und Herbst jeden Samstag- und Sonntagabend Kammermusikkonzerte mit jungen Künstlern aus aller Welt. *April–Juni u. Sept./Okt. Sa/So 17, Juli So 17.30 Uhr | Eintritt 20 Euro inkl. Besuch des Gartens | La Mortella | Via Francesco Calise 45 | Tel. 081 98 62 20 | lamortella.org*

Auch schön: Von Mitte Juni bis Ende Juli findet das Festival der Jugendorchester donnerstags um 21 Uhr im zugehörigen *Teatro Greco* statt. *E2*

SEASONS

In das attraktive, direkt am Chiaia-Strand gelegene Restaurant, das fangfrischen Fisch zu ehrlichen Preisen anbietet, kommen montagabends auch gern die Ischitaner, um mit einem Aperitiv in der Hand den schönsten Sonnenuntergang der Insel bei Livemusik zu genießen. *Ende April–Anfang Okt. tgl. | Via Spinesante | Tel. 379 103 86 09 | €€ | D4*

BAGNO TERESA

Von Mai bis September ist in diesem Strandbad jeden Sonntag der Bär los. Ab dem späten Mittag gibt es Livemusik und die Ischitaner feiern zusammen mit Urlaubern den Sonnenuntergang. *Via Giovanni Mazzella 87 | Facebook: bagnoteresaforio | C7–8*

OASIS

In dem hoch über dem Citara-Strand mit Blick aufs Meer gelegenen Restaurant spielt von Juni bis Oktober jeden Abend die Musik – in der Pianobar etwa, an manchen Abenden gibt's Discomusik, an anderen heißt es Paartanz. *Juni–Okt. tgl., März–Mai Mi Mo | Via Provinciale Panza 311 | Tel. 081 90 92 54 | €€ | D7*

INSIDER-TIPP
Futter für Augen, Ohren und Magen

RUND UM FORIO

1 LA MORTELLA („DIE MYRTE") ★

2 km vom Ortskern Forios entfernt, 5 Min. mit dem Auto

Einer der schönsten Gärten Italiens liegt auf Ischia und trägt den Namen der immergrünen Myrte: Hier erwartet dich eine Sinfonie in Grün, gespielt von einem Ensemble aus über 500 seltenen mediterranen und exotischen Pflanzen. „Komponiert" wurde dieses Gartenparadies auf 2 ha Hangfläche von Sir William Walton mithilfe des Landschaftsarchitekten Russel Page. Walton, der zu den bedeutendsten Komponisten Englands zählt, kam Ende der 1940er-Jahre mit seiner argentinischen Frau Susana nach Ischia. Ihr ebenso abwechslungsreicher wie malerischer Garten mit Teichen, Wasserläufen, Tempel und Teehaus entspricht ganz dem englischen Gartenideal. William Walton (1902–1983) fand hier ebenso wie seine Frau (1926–2010) die letzte Ruhestätte.

1985 rief Lady Susana Walton unter der Schirmherrschaft von Prinz Charles von England die William-Walton-Stiftung ins Leben und öffnete das Anwesen für talentierte junge Musiker- und Komponisten-Stipendiaten. Von Frühjahr bis Herbst finden hier anspruchsvolle Konzerte statt (s. S. 87). 1991 weihte Prinz Charles höchstpersönlich das an die Villa anschließende, hübsche *Walton-Museum* samt Konzertsaal ein. Alles erinnert an das Leben und Werk des Komponisten: Partituren, Waltons geliebte Pfeife, sein Bechstein-Flügel sowie Büsten, Porträts und Fotos von Walton und seiner Frau. *April–Anfang Nov. Di, Do, Sa, So 9–19 Uhr | Eintritt 12 Euro | Via Francesco Calise 45 | lamortella.it | E2*

2 LA COLOMBAIA („DER TAUBENSCHLAG")

4 km vom Ortskern Forios entfernt, 10 Min. mit dem Auto

Hoch oben im Steineichenwald La Guardiola auf der zerklüfteten, wilden, vom Meer umspülten Landzunge Zaro hatte

Hier wurde der Traum von einem Garten zum echten Traumgarten: La Mortella

der berühmte Regisseur Luchino Visconti (1906–76) ab 1958 seinen herrschaftlichen Sommersitz gefunden. Die weiße Villa, eine kuriose Mischung aus gotischen Elementen und Liberty Style, beherbergt ein kleines Visconti-Museum, u. a. mit Kostümskizzen aus seinen oft prächtig ausgestatteten Filmen („Der Leopard", „Die Verdammten"). Beeindruckend ist der Weitblick aufs offene Meer von den Fenstern aus und der Spaziergang zu seiner schlichten Grabstätte im Wald. Seinem Wunsch gemäß ruht Visconti hier in einem Meer von Hortensien, seinen Lieblingsblumen. *Wiedereröffnung für 2024 angekündigt, Öffnungszeiten und Eintritt standen bei Redaktionsschluss noch nicht fest | Via F. Calise 130 | ab Forio mit dem Bus bis Haltestelle La Colombaia |* *🕮 E1*

3 SANTA MARIA DEL MONTE

5 km vom Ortskern Forios entfernt, ab Via Piellero 1½ Std. Wanderung

Auf den Epomeo-Gipfel (789 m) kannst du auch von Forio aus hinaufklettern, auch wenn der Weg von Fontana aus wesentlich kürzer und besser ausgeschildert ist (s. S. 100). Die Ausflugsstrecke ab Forio in Richtung Epomeo endet bei der Einsiedelei *Santa Maria del Monte* (409 m). Diese 3 km lange Wanderung (*🕮 D–F 5–7*) dauert etwa 1½ Stunden. Sie führt zum höchstgelegenen Weinbaugebiet Ischias am steilen westlichen Epomeo-Hang hinauf, durch karges, felsiges Gelände, das einen rauen Charme hat und immer wieder herrliche Weitblicke zum Meer freigibt.

Du startest (unbedingt mit festem Schuhwerk) auf der *Via Piellero* (*🕮 D5*) südwärts bergauf, auf einer geteerten, von Autos befahrenen Straße. Bei einer Tischlerwerkstatt *(falegnameria)* folgt eine Linkskurve, dann geht es zwischen Weingärten weiter bis zum Ristorante *Valle Verde*. Danach kommt ein Linksabzweig (nicht verpassen!). Linker Hand, am Abhang, erhebt sich eine imposante Tuffsteinpyramide, die mittendurch in zwei Teile gespalten ist. Der Pfad führt jetzt nach Norden. Links hast du den Blick auf die Küste, von Punta Imperatore bis San Francesco, am Wegrand steht eine weiße Christusfigur.

Anschließend wird der steinige Lehmpfad immer unbequemer. Am Berghang liegen einzelne Bauernhäuser und Weinterrassen. Diesem steilen Weg folgst du bis zum Tuffsteinhaus Nr. 20, von dort schweift der Blick den Epomeo-Hang entlang bis zur hellen Visconti-Villa La Colombaia hinter Punta Caruso. Unter einem Bogen kletterst du dann hinauf nach rechts, zwischen *Casetta Carmelina* (Nr. 18) und *Grotta Mauro* (ein mit Majoliken verziertes, in den Tufffelsen hineingebautes Haus), in Richtung der weißen Kirchenkuppel von *Santa Maria del Monte*, die schon zum Greifen nah ist. Die schlichte kleine Kirche selbst ist eine Tuffsteinrotunde. Der Weg führt noch weiter oben um die Kuppel herum und danach treppabwärts zu einer ebenso malerisch wie primitiv wirkenden kleinen in den Tuff gehauenen Weinbauernsiedlung. *🕮 F6*

4 GIARDINI RAVINO ★

1,5 km vom Ortskern Forios entfernt, 5 Min. mit dem Auto

Dieser Kakteengarten der Superlative mit über 3000 Pflanzen und über 800

Arten ist das Lebenswerk des ehemaligen Seemanns Giuseppe D'Ambra. Jahrzehntelang brachte er Samen und Ableger von Kakteenarten aus aller Welt mit nach Hause, pflanzte sie ein und pflegte sie liebevoll. Prachtexemplar in Signor Giuseppes 6000 m² großem tropischen Pflanzenreich ist heute ein über 50-jähriger, 8 m hoher, regelmäßig blühender Kandelaberkaktus.
Zum Bleiben lädt das *Cactus Lounge Café* ein, eine hübsche Baroase mitten in dieser sehr besonderen Gartenanlage.

INSIDER-TIPP
Grüner Geheimdrink

Der *Cactus Cocktail* aus hauseigenen Kakteen ist herrlich erfrischend. Genießen kannst du ihn auch zwischen 19 und 21 Uhr beim *Secret Aperitif (Juni–Anfang Sept. nach Voranmeldung). Garten Mi, Fr–Mo 10 Uhr bis Sonnenuntergang, Ende Nov.–1. März geschl. | Eintritt 10 Euro | Via Provinciale Panza 140 b | Bus CD, CS 1, 2, Haltestelle Via Bocca | Mobiltel. 32 94 98 39 23 (deutsche Führung nach Voranmeldung) | ravino.it | D6*

5 MUSEO CONTADINO CASA D'AMBRA

Rund 5 km vom Ortskern Forios entfernt, 10 Min. mit dem Auto

Mach dir selbst ein Bild davon, wie die Ischitaner seit Jahrhunderten Weißwein herstellen. Interessant ist u. a. die uralte Weinpresse! Und das Liebhaberprojekt dieser Vorzeigewinzer: eine echte neapolitanische Weihnachtskrippe mit malerischen Alltagsszenen aus Forio. *Weinkellerei D'Ambra | Mo–Fr 9–13 u. 16.30–19, im Winter Mo–Fr 9–13 u. 15.30–18 Uhr | Weindegustationen (ab 10 Euro) nur auf Voranmeldung | Via Mario D'Ambra 44, bei Panza an der SS 270 | Tel. 0 81 90 72 46 | dambravini.com | E9*

6 PANZA

Rund 6 km vom Ortskern Forios entfernt, 10–15 Min. mit dem Auto

Nirgendwo auf Ischia sind die bäuerlichen Traditionen so tief verwurzelt wie in der Gegend von Panza, dem 7000-Seelen-Dorf, das zu Forio gehört. Berühmt war der Ort schon immer für die Wachteljagd und für einen der besten Weine auf Ischia. Panza heißt im örtlichen Dialekt „Bauch", abgeleitet vom italienischen *pancia.* Vielleicht gibt es da ja einen Zusammenhang? Finde es heraus: Ein uriges Abendlokal ist etwa *Da Leopoldo (April–Juni Mo–Sa abends, Juli/Aug. tgl. abends, Sept./Okt. Mi–Mo abends u. So mittags | Via Scannella 46 | Tel. 37 70 93 66 53 | €).* Hier sitzt du in einer Art Gartenlaube. Geschickt eingesetzte Flohmarktausbeute sorgt für Atmosphäre – die Tischplatten liegen auf Nähmaschinengestellen, die Rückenlehnen sind aus den Enden von Metallbetten gemacht.
Die schönste Sehenswürdigkeit Panzas ist die *Sorgeto-Quelle,* bzw. deren malerische Lage in der Felsenbucht von Chiarito. Der Blick von oben verschlägt dir den Atem, wenn du über den schwindelerregenden Steilabhang aufs Meer schaust. Das warme Heilwasser sprudelt in Ufernähe unter dem Meeresspiegel hervor. Wer darin baden will, muss eine beachtliche Treppenflucht hinuntersteigen – ganz zu schweigen vom Aufstieg danach! Aber dafür ist die Quelle ein Geschenk

Steiles Ende: Punta Imperatore ist Ischias westlichster Zipfel

der Natur ... Übrigens: Noch in den 1960er-Jahren kamen manche Einheimische am Samstag mit einem Stück Seife in diese Bucht. Weil sie zu Hause noch kein eigenes Bad hatten, nahmen sie hier ihr Wochenbad.
In die winzige, steinige Bucht quetscht sich außerdem das Lokal *La Sorgente* mit seinem Liegestuhlverleih, das du auch bequemer, nämlich mit dem Boot ab Sant'Angelo, erreichen kannst. *E9–11*

7 PUNTA IMPERATORE MIT LEUCHTTURM

Rund 4 km vom Ortskern Forios entfernt, 10 Min. mit dem Auto

Atemberaubend ist dieser Ausblick aus 150 m Höhe auf Forio, die Klippen und das Meer: Wenige Hundert Meter südlich des Ortsteils Cuotto *(Abzweig von der SS 270 bei der Casa Verde)* führt der Weg hinauf zum Felsenvorsprung, auf dem der Leuchtturm am westlichsten Punkt Ischias steht. Seit 2023 beherbergt der Turm ein Hotel von deutschen Investoren. *B9*

SCHÖNER SCHLAFEN IN FORIO

WO DIE TRAUBEN HÄNGEN

Über Forio mitten in Weinbergen gelegenes Refugium mit Thermalwasserpool und einer Aussicht auf die Citara-Bucht zum Dahinschmelzen: Das alte Landhaus *Il poggio antico (13 Zi., 2 Apt. | Via Bellomo 2 | Montecorvo | Forio | Tel. 081 98 61 23 | ilpoggioantico.com | €€ | E8)* ist liebevoll und mit viel Geschmack renoviert. Tonino und Maria lesen ihren Gästen jeden Wunsch von den Augen ab.

DER INSELSÜDEN

WILDSCHÖN UND WELTBEKANNT

Im Süden der Insel liegen zwei Urlaubsparadiese, die Ischia seit den 1950er-Jahren in aller Welt bekannt gemacht haben: die Fischerbucht Sant'Angelo und der karibisch schöne Maronti-Strand. Heute wie damals schaffen die bunten Fischerhäuser und die herrlichen Sandstrände eine idyllische Ferienkulisse. Wahre Schätze sowohl für Liebhaber heißer Quellen als auch für Wanderbegeisterte verbergen sich in den beiden darüber gelegenen Bergdörfern Serrara Fontana und Barano.

Mit Fifties-Charme: Sonnenschirmparade am Strand von Sant'Angelo

Abseits der Badebuchten, die im Hochsommer oft sehr voll sind, führen anspruchsvolle Wanderwege den Monte Epomeo hinauf: Unterwegs durch Akazien- und Kastanienwälder begegnet man Kirchen und Weilern, typischen Steinhäusern und Schneegruben, die aus der Lokalgeschichte erzählen. Unterwegs lässt einen der großartige Ausblick über den Inselrücken aufs Meer immer wieder staunen. Auch viele junge Ischitaner setzen auf die gute Luft und eine bezaubernde Stille: bei einer Trekkingtour in ihrer Freizeit.

DER INSELSÜDEN

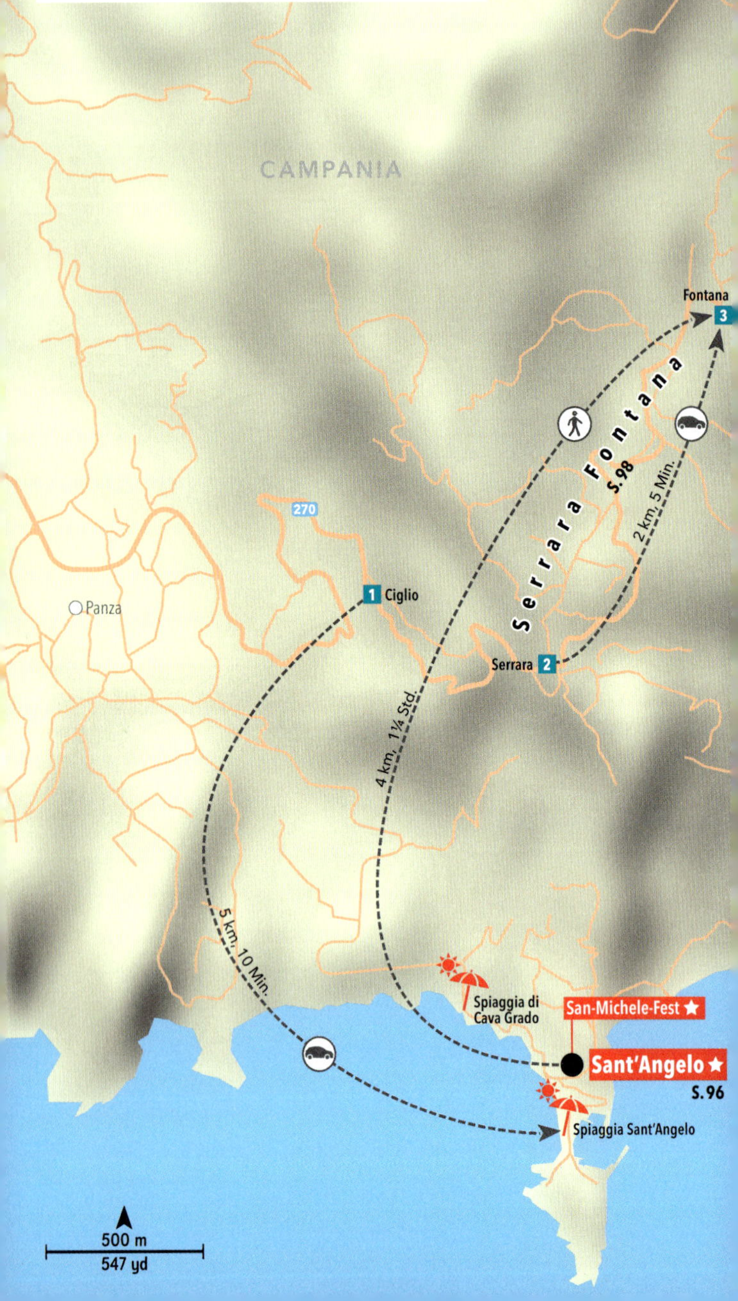

5
Monte Epomeo ★
CAMPANIA
Fontana
3
Serrara Fontana
S. 98
2 km, 5 Min.
270
1 Ciglio
Panza
Serrara 2
4 km, 1¼ Std.
5 km, 10 Min.
Spiaggia di Cava Grado
San-Michele-Fest ★
Sant'Angelo ★
S. 96
Spiaggia Sant'Angelo
500 m
547 yd

MARCO POLO HIGHLIGHTS

★ **SANT'ANGELO**
Das Nonplusultra der Sixties und ein Traum bis heute ➤ S. 96

★ **SAN-MICHELE-FEST**
Ihren Superhelden feiert die Insel mit einem Prachtfeuerwerk ➤ S. 98

★ **MONTE EPOMEO**
Ins satte Inselgrün eintauchen und zum Gipfel aufsteigen ➤ S. 100

★ **MARONTI-STRAND**
Karibisch schön und ganze 3 km lang ➤ S. 102

★ **CAVA SCURA**
So machten es schon die Römer: in einer Tuffsteinwand kuren ➤ S. 102

Hübsche Mittelmeerfarben zu gucken bietet Sant'Angelo

SANT'ANGELO

(🕮 G–H 11–1) ★ **Sant'Angelo ist der Sehnsuchtsort der Insel, er machte Ischia in den 1950er-Jahren berühmt: Die Bucht mit den pastellbunten Fischerhäuschen, die ineinander verschachtelt am Hang liegen, die Piazzetta und der schmale Strand mit den Booten – da wollten deutsche Urlauber hin.**

Verändert hat sich seitdem wenig am südlichsten Zipfel der Insel. Autos und Scooter müssen draußen bleiben, treppauf, treppab geht es durch die engen Gassen, die alle unten am Meer enden. Auch wenn es erst mal nicht so aussieht: Dieses Fischernest ist der exklusivste und teuerste Fleck Ischias. In Sant'Angelo herrscht im Sommer von morgens bis tief in die Nacht Dolce Vita pur: Hier kannst du schlemmen, genießen, dich zeigen und vor allem gucken, was die anderen so machen. Internationaler Treffpunkt damals wie heute ist die Piazzetta, die unten am Bootshafen in einen Damm mündet.

Die Gemeinde hat knapp 900 Einwohner, in den Wintermonaten jedoch wirkt Sant'Angelo wie ausgestorben. Dann erholen sich die Ischitaner von ihrem Sommerbusiness an einem warmen Ort irgendwo weit weg.

SIGHTSEEING

LA ROIA

Den über 100 m hohen Felsklotz gegenüber vom Dorf im Meer nennen die Ischitaner wegen seiner Kuchenform *panettone*. Ein schmaler Damm mit einem Streifen Sandstrand rechts und links führt zu ihm hin. *🕮 G12*

TORRE SANT'ANGELO

Vom Wachturm aus der Zeit der spanischen Herrschaft und von der Kaserne der französischen Besatzung unter Joachim Murat ist nur noch eine Ruine übrig geblieben, seit die englische Flotte im August 1808 mit einer gut gezielten Kanonade das im Turm untergebrachte Pulvermagazin in die Luft jagte. *Zugang nicht möglich* | *G12*

ESSEN & TRINKEN

LO SCOGLIO

Traumhaft gelegen, umgarnt einen dieses Terrassenrestaurant mit schönem Blick auf Sant'Angelo und einer ausgezeichneten Küche. Bestelltipp: die rohen Fisch- und Meeresspezialitäten. *Mitte März–3. Nov. tgl.* | *Via Cava Ruffano 58* | *Tel. 081 90 44 12* | *€€–€€€* | *G11*

CHIOSCO DA ENZO

Hol dir gute Laune für 3 Euro mit einem sagenhaften frisch gepressten O-Saft bei Enzo La Bomba. Die selbst ernannte „Bombe" Enzo hat markige Sprüche drauf, auch auf Deutsch. *Beim Parkplatz des Orts* | *G11*

BAR RIDENTE

Sant'Angelo ist ein teures Pflaster, für den kleineren Hunger empfiehlt sich diese zentrale Bar, die stets eine *pizzetta* oder ein leckeres *zingaro*-Sandwich anbietet. *Ostern–Okt. tgl., Jan.–Ostern u. Nov. Mo–Sa* | *Via Nazario Sauro 5* | *Tel. 081 99 98 37* | *€€* | *G11*

STRÄNDE

Die schmalen Strandstreifen der *Spiaggia Sant'Angelo (G12)* liegen rechts und links des Damms, der zur Brockeninsel La Roia führt. Der Sand hier ist herrlich fein, nur leider sind meist einfach zu viele Leute da, die baden wollen. Am angenehmsten ist es, in eines der Strandbäder unter La Roia zu flüchten – freilich ein etwas kostspieligeres Vergnügen.

Nur eine winzige Bucht mit einem minimalen Kleinkieselstrand und dennoch einer der schönsten Flecken der Insel ist die *Spiaggia di Cava Grado (G11)*. Zu erreichen ist sie über eine schmale Landenge und eine längere Steintreppe, die viele abschreckt – nach dem Baden muss man sie schließlich wieder hinauf. Die paradiesisch schöne Atmosphäre unten macht die Stufen aber allesamt wett.

WELLNESS

THERMAL PARK & SPA APHRODITE APOLLON

Zu Fuß gelangst du von Sant'Angelo zu dieser charmant verwinkelten, exklusiv gestalteten Gartenanlage. Auf blühenden Terrassen verteilen sich acht Thermalbecken (32–42 Grad), ein Meerwasserschwimmbad, eine durch Fumarolen gespeiste natürliche Sauna, ein Wellnessbereich mit Kurabteilung (keine Fangobehandlungen), ein Restaurant am Meer, zwei Bars und ein Fitnessbereich, in dem Yoga, Pilates und mehr angeboten wird. Wellness ist auch der Blick übers Meer auf die Insel Capri. Der Thermalpark gehört zum Hotel Miramare. *Mitte April–Sept.* | *Via Petrelle 15* | *Tel. 081 99 92 02* | *aphroditeapollon.it* | *H11*

FESTE

SAN-MICHELE-FEST ★

Das Fest des Erzengels Michael feiern die Ischitaner in Sant'Angelo jedes Jahr mit einer prachtvollen Prozession an Land und auf dem Meer (der Heilige wird zum Maronti-Strand gebracht). Gegen Mitternacht gibt es ein beeindruckendes Feuerwerk. *29./30. Sept.*

SERRARA FONTANA

(🕮 G–J 8–10) **Die Gemeinde Serrara Fontana (3100 Ew.) erstreckt sich vom Meer bis hinauf zum Epomeoberg. Der Ortsteil Serrara ist berühmt für hervorragenden Wein und Fontana ein idyllischer Fleck am Fuß des Monte Epomeo.**

Montanaro, Bergbewohner, nennen die Insulaner die Einwohner von Serrara Fontana, weil sie etwas zurückgezogen als Selbstversorger am Berg leben. Sie bauen ihr eigenes Gemüse und Obst an und züchten Kaninchen.

ZIELE IN SERRARA FONTANA

1 CIGLIO

Im romantischen Weiler Ciglio dominiert der typisch grüne Ischia-Tuff. Das zeigt auch die entzückende kleine *Chiesa San Ciro (geöffnet tgl. 7.30–19 Uhr).* Von außen sieht diese dem heiligen Ciro gewidmete Kirche nur putzig aus, aber sie birgt ein kleines Geheimnis: Versteckt hinter der Sakristei liegt eine sprudelnde Quelle – eine sehenswerte Überraschung, die du auch kosten kannst. Am besten nach der Sonntagsmesse gegen 9.30 Uhr, wenn Pfarrer Don Pasquale sie gern zeigt.

Von Ciglio aus hast du einen herrlichen Blick auf Sant'Angelo; in der Ferne am Horizont schimmert die Silhouette von Capri. Außerdem gibt es hier oben noch eine kulinarische Besonderheit: den ortstypischen *Sorriso,* einen schweren Dessertwein, der in dieser Gegend gekeltert wird. *🕮 F9*

2 SERRARA

Serrara ist dank seiner strategisch besseren Lage auf 300 m über dem Meeresspiegel das Zentrum der Gemeinde: Hier suchten alle Schutz, die Phönizier genauso wie die Insulaner des 18. Jhs., wenn sie vor den Sarazenen fliehen mussten, die Sant'Angelo und andere Fischerdörfer immer wieder angriffen. Ein Torbogen trennt Serraras Piazza von der Straße. Er verbindet die Pfarrkirche *Santa Maria del Carmine* mit dem Rathaus, dem einstigen Herrschaftssitz (18. Jh.). Der Glockenturm der Barockkirche überragt den Platz, der in einer Aussichtsterrasse endet. *🕮 G9*

3 FONTANA

Von Serrara aus geht es hinauf in die Berglandschaft. Manche Ischitaner bezeichnen sie als ihre „kleine Schweiz", schließlich gibt es gute Luft, unverfälschtes Bauernleben, umwerfende Natur und tolle Ausblicke. Fontana ist mit 450 m die höchstgelegene Gemeinde der Insel, ein beschauliches, unaufgeregt hübsches Dorf. Hier steht der älteste Sakralbau (1374) auf Ischia: *Santa Maria delle Mercede.* Nimm die Freitreppe an der Straßenkurve im Ortskern hinauf zur Pfarrkirche mit Glockenturm, die die Leute hier „la sacra", die heilige (Kirche), nennen. *H8*

4 CASA MUSEO

Schau bei Salvatore und Michele Di Meglio vorbei: Die sympathischen Ischitaner laden ein in ihr in die Felsen gehauenes Museumshaus auf dem Weg von Serrara Fontana Richtung Barano. In liebevoll dekorierten Räumen stehen ortstypische Geräte aus Haushalt und Landwirtschaft. Praktisch: Der Inselbus hält direkt davor. *Tgl. 10–13 u. 15–18 Uhr | vor allem von Okt.–März unbedingt anmelden unter Mobiltel. 34 97 19 88 79 | Via Francesco Trofa 41 | Fontana | J7*

ESSEN & TRINKEN

L'ARCA

In dem wie ein Bootsbauch geformten Terrassenrestaurant in Ciglio erwartet dich solide Hausmannskost und eine klasse Weinauswahl. Dazu ist die Aussicht über Panza und Forio hinweg aufs Meer einfach ein Genuss. *Häufig wechselnde Öffnungszeiten, unbedingt vorher anrufen und reservieren | Via Ciglio 144 | Tel. 0 81 18 54 63 30 €€ | F9*

LA FLOREANA

Die Kultbar in Serrara bietet einen großartigen Blick über die Insel. Die *granita al limone* schmeckt köstlich, ebenso das Hühnchen *al mattone* (mit einem Backstein beschwert im Ofen oder auf dem Grill gegart) von der kleinen Speisekarte. *Ostern–Okt. tgl.,*

Beschaulich liegt Sant'Angelo da – das ändert sich alljährlich beim San-Michele-Fest!

im Winter auf Voranmeldung | Via Ciglio 4 | Tel. 0 81 99 95 70 | €-€€ | 🕮 *G9*

RUND UM SERRARA FONTANA

5 MONTE EPOMEO ★

Rund 3 km von Fontana entfernt, Wanderung ca. 2½ Std., 300 Höhenmeter zu überwinden

Nur wer die Insel von ihrem höchsten Punkt auf 789 m Höhe erlebt hat, kennt Ischia wirklich. Diese Aussicht solltest du dir nicht entgehen lassen! Am einfachsten ist der Aufstieg von Fontana aus (🕮 *H 6–8*). Du kommst aus Serrara herauf und biegst rund 20 m vor der Piazza Fontana nach links in den ausgeschilderten Weg ein. Unterwegs gelangst du durch herrliche Kastanien- und Eichenwälder, Letztere haben schon die Römer angelegt. Erst kurz vor dem Gipfel wird aus dem saftigen Grün ein Grau und es geht über kargen, zerklüfteten Tuff – der Weg ist auch für Kletterungeübte gangbar. Nach etwa einer Stunde liegt dir dann plötzlich die ganze Insel zu Füßen. Hinreißend ist die frisch restaurierte und wieder geöffnete Einsiedelei *San Nicola*.

Weil man nur sieht, was man kennt, lohnt es sich, den Aufstieg mit einem zertifizierten, deutsch sprechenden Wanderführer wie z. B. Agostino Iacono *(Mobiltel. 33 32 52 18 82 | short.travel/isc15)* zu machen – die Pflanzen bekommen dann einen Namen und die Wege eine Geschichte. Ein besonderes Erlebnis ist der Sonnenaufgang auf dem Gipfel.

Die Kartause oben ist bewirtschaftet: *La Grotta da Fiore (Feb.–Nov. tgl. ab 9 Uhr | Via Epomeo 21 | €€)*. Einkehren kannst du auch auf dem Rückweg unten am Fuß des Epomeo in der Berghütte *Miscillo (März/April–Okt. tgl. | Via Epomeo 22 | Fontana | €)*. Ilenia zaubert dort eine leckere Brotzeit in Familienatmosphäre. 🕮 *G–H6*

BARANO D'ISCHIA

(🕮 K–L 9–10) **Barano ist ein bezauberndes Dorf (9900 Ew.), das sich im Süden über mehrere Hügel und Ortsteile erstreckt. Wer hier heraufkommt, kann das ursprüngliche, das ländliche Ischia entdecken.**

Lass dich immer wieder überraschen von grandiosen Ausblicken über die Insel. Die Höhenlage (bis 594 m) sorgt auch im Sommer für frischere Temperaturen. Und die lokale Bauernküche solltest du probiert haben (siehe auch Restaurant *Il Focolare* S. 62).

SIGHTSEEING

Im Ortsteil ⚑ *Testaccio (🕮 K10)* gab es im 18. Jh. „Sudatorien", Dampfbäder aus den natürlichen Fumarolen. Eine über 2000-jährige Tradition haben die Kuren in der Nitrodi-Quelle (siehe unter Wellness) im Ortsteil Buonopane *(K8–9)*.

An der Piazza San Giovanni Battista in Buonopane zeigt ein von den Meistern der Werkstatt *Kèramos* gemaltes, 29 m langes Keramikwandbild die Besonderheiten von Barano: Im Mittelpunkt steht der traditionelle Folkloretanz *'ndrezzata*, der im Sommer gerne bei Volksfesten gezeigt wird.

ESSEN & TRINKEN

DON ENZO

Ischitaner sind heikel, was Essen angeht. Für die Pizza bei Don Enzo in Buonopane kommen sie aus den entferntesten Winkeln. Deshalb am Wochenende vorbestellen! *Di–So abends | Via Angelo Migliaccio 143 | Buonopane | Tel. 0 81 90 64 92 | € | K8*

IL BORGHETTO

Oben im ländlichen Barano, etwas außerhalb des Ortskerns gelegen, zieht die vorzügliche Ischiaküche der Familie Arcamone viele Insulaner an – das ist die beste Garantie für leckere Gerichte. Wunderschön ist der Blick über die Insel aufs Meer. *Tgl. abends, Nov.–Ostern Mo geschl. | Via Cirillo Località Maisto 1 | Tel. 0 81 90 26 72 | €€ | L7*

CAFFÈ LIBECCIO

Hier gibt's kleine Gerichte und Snacks sowie leckere Pizzen. Ganz zentral gelegen an der Piazza Maronti über dem gleichnamigen Strand. *Di–So, 10. Jan.–18. März geschl. | Via Maronti 70 | Mobiltel. 32 85 42 22 66 | €–€€ | K11*

DA MARIO

Historisches Strandlokal mit einer ausgezeichneten Küche und 1950er-Jahre-Flair. Die ganze Familie ist hier im Einsatz: Die Frauen stehen in der Küche, die Männer kaufen ein und servieren. Besonders lecker schmecken die gebackenen Sardellen *alici fritte*. *Ostern–Okt. tgl. 8–17, im Juli/Aug. Mo–Fr länger (bis 19 Uhr), unbedingt abends reservieren! | Spiaggia dei Maronti | Tel. 0 81 99 03 94 | € | K11*

SPORT & SPASS

LITERARISCHE INSELTOUR

Mit „Meine geniale Freundin" hat die Autorin Elena Ferrante einen internationalen Lesehype ausgelöst. In ihrer

Geschichten vom Monte Epomeo erfährst du unterwegs mit einem Guide

Traumstrand zu jeder Tageszeit: Spiaggia dei Maronti

Romanreihe über die besondere Freundschaft zweier Frauen aus Neapel führt sie auch immer wieder nach Ischia, u. a. an den Maronti-Strand. Die Fremdenführerin Silvana bietet spezielle Inseltouren auf den Spuren der Romanheldinnen an. *Infos: ischiaguidedtours.com*

INSIDER-TIPP
Genial wie im Buch

STRAND

MARONTI-STRAND ★

Karibisch schön ist der mit 3 km längste und breiteste Strand Ischias, *Spiaggia dei Maronti*. Dank der Südlage und dank der Fumarolen ist es an dem feinsandigen Strand auch an kalten Wintertagen angenehm warm. Eine ganze Reihe Strandrestaurants lädt ein, es gibt mehrere Thermalanlagen, darunter die Cava Scura.

Du erreichst den Maronti-Strand von Ischia Porto aus mit dem Linienbus Nr. 5 in 20 Min. und von Sant'Angelo aus mit dem Taxiboot *(ab 5 Euro pro Person)* oder zu Fuß. Aber auch von Testaccio aus, dem höher gelegenen Ortsteil Baranos: Frag nach der *Via Corafà*. Diese ist die alte Verbindungsstraße zum Maronti-Strand (denk unbedingt an bequemes Schuhwerk).

Kurios sind die *Fumarolen* am westlichen Ende des Strands: aus der Erde durch den Sand aufsteigende, heiße Dämpfe. Aus Sicherheitsgründen sind sie mittlerweile eingezäunt, du kannst sie aus der Ferne beobachten. *H–K11*

WELLNESS

CAVA SCURA ★

In der tiefen Schlucht Cava Scura befindet sich die spektakulärste heiße Quelle Ischias. Schon in der Antike wurde sie genutzt. Die Schlucht erreicht das Meer am westlichen Ende des Maronti-Strands. Am einfachsten ist es, vom Parkplatz Maronti aus herunterzukommen und vom Strand aus durch den Canyon nach oben zu gehen. Alternativ kannst du im Hafen von Sant'Angelo in ein Taxiboot steigen *(5 Euro pro Person)*. Sehr schön, aber etwas anstrengend ist der etwa 40-minütige Landweg (mit solidem Schuhwerk), der in Sant'Angelo hinter dem Thermalpark Aphrodite Apollon beginnt.

Die Cava Scura (Dunkle Grube) ist beeindruckend: Plötzlich befindest du dich in der Unterwelt, zwischen beiderseits steil aufragenden Tufffelsen.

Wer in der Talsohle weitermarschiert, kommt zu einem kleinen Thermalteich mit *Badeanstalt*. Die eigentliche Besonderheit erreichst du noch weiter schluchtaufwärts, hoch oben in die poröse Tuffwand gemeißelt: eine Doppelreihe individueller Wannennischen, in die das fast 90 Grad heiße Heilwasser geleitet wird. Gut für die Haut sind Fangopackungen; den Kreislauf in Schwung bringen Hydromassagen mit Thermalwasser. Ein Erlebnis ist das gemeinsame Schwitzen in der natürlichen Dampfgrotte. *Eine Woche vor Ostern–Ende Okt. tgl. 8.30–18 Uhr | Eintritt 2 Euro, bezahlt werden nur die Behandlungen, z. B. Fangopackung, türkisches Bad und Thermaldusche 30 Euro | mit dem Boot ca. 10 Min. von Sant'Angelo, dann noch ca. 5 Min. zu Fuß |* *J10–11*

NITRODI-QUELLE

Im Ortsteil Buonopane führt hinter der Brücke Ponte di Buonopane nach der Hausnummer 61 scharf links ein asphaltierter Weg zum Nitrodi-Parkplatz hinunter. Richte dich nach dem Hinweisschild „Taverna la Cantina", dort geht es einige Stufen hinab zum grobsteinigen Pfad in die Schlucht der *Fonte delle Ninfe Nitrodi*, der Nitrodi-Quelle. Folge nun dem frei liegenden Rohr, in dem das Heilwasser in dieser Gegend „frei Haus" geliefert wird, und bald hörst du das Wasser plätschern: Einst standen in dieser wildromantischen Talmulde ein Eros-Altar und ein Apollo-Tempel (Reste davon zeigt das Nationalmuseum von Neapel).

In einem kleinen *Badehaus (Juni–Sept. tgl. 9–19, Mai u. Okt. 10–18, April u. Nov. 10.30–17.30 Uhr | ab 28 Euro, ab 14 Uhr ab 18 Euro)* mit Liegestühlen und Sonnenterrasse wird die kostbare, ca. 25 Grad warme Flüssigkeit gesammelt und in Massageduschen geleitet. Das Wasser soll auf der Haut wahre Wunder wirken, Hautallergien sollen gelindert werden, Narben besser verheilen. Auf jeden Fall erlebst du in dieser Oase im Grünen einen Tag in entspannter Atmosphäre. Eine Snackbar (Salate und Anti-Age-Drinks) gibt's auch. Handtuch mitbringen (sonst 4 Euro)! Für die Gesichtspflege kannst du Tiegel mit Nitrodi-Tonerde kaufen. *K9*

SCHÖNER SCHLAFEN IM INSELSÜDEN

TÜRKISBLAUE AUSSICHTEN

Eine charmante kleine Pension mit Meerblick ist die *Casa Sofia (12 Zi. | Via Sant'Angelo 29 | Sant'Angelo | Tel. 0 81 99 93 10 | hotelcasasofia.com | €€ | G11)* – geschmackvoll eingerichtet und zentral gelegen.

DIE WELLEN ROLLEN HÖREN

Nur das Rauschen des Meers ist im Traumhotel *Parco Smeraldo Terme (Via Maronti 42 | Barano | Tel. 0 81 99 01 27 | hotelparcosmeraldo.com | €€€ | 65 Zi. | K11)* am östlichen Maronti-Strand zu vernehmen. Viele Stammgäste kommen hierher, es gibt Innen- und Außenpools und ein eigenes Strandbad direkt vor der Sonnenterrasse, außerdem hochmoderne Thermaleinrichtungen. Das i-Tüpfelchen ist die Küche mit regionalen Zutaten.

ERLEBNIS TOUREN

Lust, die Besonderheiten der Region zu entdecken? Dann sind die Erlebnistouren genau das Richtige für dich! Ganz einfach wird es mit der MARCO POLO Touren-App: Die Tour über den QR-Code aufs Smartphone laden – und auch offline die perfekte Orientierung haben.

1 ISCHIA PERFEKT IM ÜBERBLICK

- Die Inselhighlights schön konzentriert erleben
- Baden, staunen, schlemmen – immer vor einer traumhaften Kulisse
- Von den grünsten Thermalgärten bis auf den höchsten Gipfel

Busbahnhof Ischia Porto

La Dolce Sosta

65 km

3½ Tage, reine Fahrzeit 4 Std.

Busse fahren alle 15 bzw. 30 Min. Nenn dem Busfahrer dein Fahrtziel, er wird dir behilflich sein und dich an der richtigen Station aussteigen lassen. Taxiboot bestellen unter *Mobiltel. 33 15 22 85 32 | sanmicheleboatservice.com*

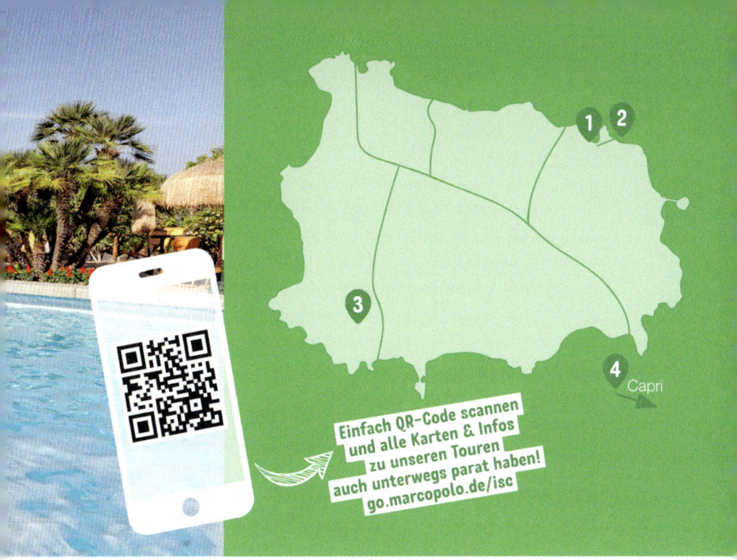

1
2
3
4
Capri
Einfach QR-Code scannen
und alle Karten & Infos
zu unseren Touren
auch unterwegs parat haben!
go.marcopolo.de/isc

Giardini Poseidon: Wenn dieser Pool mal nicht zu einer Tourpause verlockt

BUSFAHRT MIT AUSSICHT

Der ❶ Busbahnhof Ischia Porto am Hafen ist der ideale Startpunkt (der Hafen ist übrigens ein mit Wasser gefüllter Vulkankrater). *Nimm den Inselbus CS in Richtung Casamicciola.* Hier hat die Tradition der Thermalkuren auf Ischia begonnen. Mach dort den ersten Abstecher zu den ❷ Terme Castiglione ➤ S. 65, *die du mit einer Standseilbahn erreichst (Bushaltestelle „Castiglione").* Wie wär's mit einer entspannenden Massage und einem Bad in einem der zahlreichen Pools mit Blick aufs Meer?

Rund 100 m weiter liegt ein herrlicher Pinienwald; *bieg von der SS 270 nach links in die Via Bosco della Maddalena ein (ausgeschildert ist campo sportivo)* und lauf etwa eine Stunde nach oben zum schönsten Krater der Insel: ❸ Rotaro ➤ S. 65. Der Spaziergang im Krater ist beeindruckend, bei schlechtem Wetter sind auch die Fumarolen gut sichtbar.

VON PILZEN UND GARTENGEWÄCHSEN

Zurück auf der Insel-Umgehungsstraße geht es per Bus weiter nach ❹ Lacco Ameno ➤ S. 70: Das Wahrzeichen des Orts, „Il Fungo", der Pilz, ist aus grünlichem Tuffstein – Wind, Wasser, Salz und Sonne haben ihn aus-

TAG 1

❶ Busbahnhof Ischia Porto

2 km 10 Min.

❷ Terme Castiglione

3 km 1 Std.

❸ Rotaro

5 km 30 Min.

❹ Lacco Ameno

4 km 35 Min.

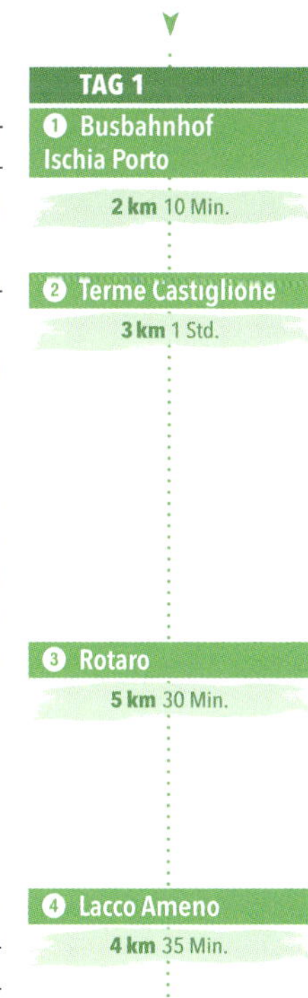

	gehöhlt. Sehr sehenswert ist das archäologische Museum in der **Villa Arbusto ➤ S. 71** im Süden des Orts. Nicht nur Naturliebhaber sollten auch die wunderbare Gartenanlage **5 La Mortella ➤ S. 87** besichtigen, *einige Bushaltestellen weiter Richtung Westen.*
5 La Mortella	
2,5 km 10 Min.	
6 Forio	*Zurück auf der Hauptstraße nimmst du den Bus weiter bis* **6 Forio ➤ S. 80**. Hier warten verwinkelte Altstadtgassen, typische Restaurants, eine romantische Seefahrerkapelle und wunderschöne Strände. Übernachten kannst du im Ortskern in der Pension **Di Lustro** *(Tel. 081 99 71 63)* wie 1949 der amerikanische Kultschriftsteller Truman Capote.

TAG 2

1,5 km 35 Min.

7 Giardini Ravino

5 km 35 Min.

8 Poseidon-Gärten

HEUTE WIRD'S STACHLIG, ABER ENTSPANNT

Besuch am nächsten Morgen unbedingt den Kakteengarten **7 Giardini Ravino ➤ S. 89** *etwa 1 km südlich.* Wie dieses einmalige Kakteenparadies zeigt, hat sein Gründer Giuseppe D'Ambra einen grünen Daumen. Mach dich auf die Suche nach seinem über 8 m hohen Kandelaberkaktus. *Danach steigst du in die Buslinie 2,* die dich hinunter zum Meer bringt. Am **Citara-Strand ➤ S. 85** erwartet dich einer der schönsten Thermalparks Ischias, die **8 Poseidon-Gärten ➤ S. 85**.

FISCHERBUCHT MIT EINER PRISE NOSTALGIE

Fahr nach einem erholsamen Bad und einem Spaziergang durch die herrlichen Gärten *mit der Linie 2 wieder hinauf zur SS 270 und steig an der gegenüberliegenden Bushaltestelle in den CS-Bus. Er bringt dich über Panza* hinunter ins malerische Fischerdorf ⑨ Sant'Angelo ➤ S. 96. Hier sprechen fast alle Einwohner deutsch, sozusagen als Hommage an die vielen deutschen Urlauber, die seit den 1960er-Jahren in diese Bucht kommen. Im Zentrum machst du Rast: Egal, um welche Mittags- oder Abendzeit du ankommst, in der Bar Ridente ➤ S. 97 kriegst du ein Stück Pizza, ein leckeres *panino* oder eine *bruschetta. Nimm danach ein Wassertaxi und fahr zum* ⑩ Maronti-Strand ➤ S. 102. Hier übernachtest du im Hotel San Giorgio *(hotelsangiorgio.com).*

11 km 20 Min.

⑨ Sant'Angelo

2,5 km 20 Min.

⑩ Maronti-Strand

TAG 3

1 km 20 Min.

⑪ Cava Scura

11 km 1¾ Std.

⑫ Monte Epomeo

13 km 1¼ Std.

⑬ Castello Aragonese

THERMALBADEN & GIPFELWANDERN

Am nächsten Morgen stehst du früh auf und *gehst den ausgeschilderten Weg zur* ⑪ Cava Scura ➤ S. 102, *der dich zuerst am Strand entlangführt und dann bergauf durch einen Canyon.* In den Thermalquellen dieser tiefen Schlucht badest du wie zu Römerzeiten und benutzt einen Stein als Kopfkissen. Wieder zurück am Strand, *fährst du mit der Buslinie 11 über Barano hinauf nach Fontana* ➤ *S. 98*: Von hier aus ist in rund 1 Std. der Aufstieg auf den ⑫ Monte Epomeo ➤ S. 100, den höchsten Gipfel Ischias, zu schaffen.

BURG MUSS SEIN

Wieder in Fontana an der SS 270 geht es mit dem Bus CS zurück nach Ischia Porto bis zur Piazza degli Eroi. Hier steigst du in die Buslinie 7 um und machst noch einen Abstecher nach Ischia Ponte. Dieser Schlenker lohnt sich: Das ⑬ Castello Aragonese ➤ S. 46 mit seiner atemberaubenden Aussicht und seinen (Kunst-)Ausstellungen ist ein absolutes Ischia-Muss. Im Mittelalter spielte sich innerhalb dieser Mau-

Sant'Angelo stillt schon seit den 50ern akute Sehnsucht nach Italienromantik ern ein Großteil der Inselgeschichte ab, heute ist das mit Engagement restaurierte Castello in Privatbesitz. Hier in der trutzigen Burg übernachtest du auch im **Albergo Il Monastero** *(albergoilmonastero.it)*. Zum Abendessen kehrst du bei **Da Cocò** ➤ S. 48 ein: Das zauberhafte 50er-Jahre-Restaurant direkt am Beginn des Stegs bietet einen herrlichen Blick auf Burg und Meer.

EIN GELATO MACHT DIE TOUR PERFEKT

Morgens fährst du *mit dem Bus wieder nach Ischia Porto* und lässt deine Inseltour ausklingen mit einem Bummel über den Corso Vittoria Colonna mit seinen Boutiquen und einem abschließenden *gelato* in der Eisdiele ⑭ **La Dolce Sosta** *(Corso Vittorio Colonna 151)*. Nur hier gibt es die Eissorte Bigna Colada mit dem Gebäck *bignè* und Nussschokolade.

INSIDER-TIPP
Eins wie keins

❷ RADTOUR VON ISCHIA PORTO NACH CASAMICCIOLA TERME

- ➤ Über die Insel bis nach Neapel blicken
- ➤ Mit Abenteuerstopp an einem beeindruckenden Krater
- ➤ Work-out auf Serpentinen mit Sicht aufs Meer

Noleggio Del Franco

Spiaggia di San Pietro

15 km

1 Tag, reine Fahrzeit rund 2 Std.

Unterwegs gibt es bis Casamicciola keine Einkehrmöglichkeiten, nimm Picknickproviant mit. Und Badesachen. Massage in den ❺ **Thermen Belliazzi** vorab buchen!

KRATER GUCKEN

Nach dem Frühstück geht es in Ischia Porto vom Radverleih ❶ **Noleggio Del Franco** *(Radmiete ab 12 Euro/ Tag; auch Mountain- und E-Bikes | Via Iasolino 100 | Tel.*

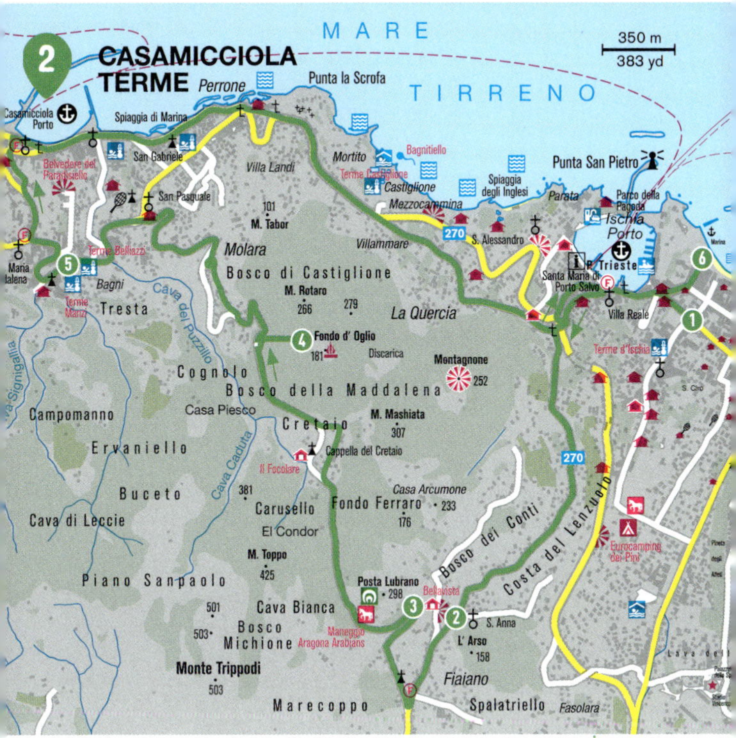

2 CASAMICCIOLA TERME

0 81 99 13 34 | noleggiodelfrancoischia.com) am Hafen *über die Via Quercia hinauf und nach der Brücke links in die Via Nuova dei Conti.* Auf der linken Seite breitet sich nach etwa 1,5 km der ❷ Arso aus, das Kratergebiet, das der Vulkanausbruch im Jahr 1302 schuf. *Nach einem weiteren halben Kilometer biegst du hinter Nik's Bar rechts in die Via Cretaio ein.* In der ❸ Haarnadelkurve hast du ein grandioses Panorama über das Meer bis hin zur Silhouette Neapels.

EIN PICKNICK IM GRÜNEN

Die Straße steigt weiter an, *es geht den Berg hinauf, bis sie sich gabelt* und sich wie ein Ring um den auffallend dichten Wald legt, der den Gipfel des 266 m hohen ❹ Monte Rotaro ➤ S. 65 bedeckt. *Der linken Gabelung folgend, geht es sehr bald rechts* in den duftenden Pinienwald auf einem mit einer Kette verschlossenen Weg. Such dir ein schattiges Plätzchen und mach ein Picknick! Den Krater des Monte Rotaro überzieht heute mediterranes Grün, an die Vulkantätigkeit erinnert nur die heiße Luft, die den wenigen, für Laien kaum sichtbaren Fumarolen im Waldgebiet entweicht.

MUNTERMACHER FÜR MÜDE BEINE

2,5 km 10 Min.

Nach der Fahrt durch den Wald kommst du wieder *auf die Via Cretaio zurück.* Der Sonne ausgesetzt und mit herrlichem Blick auf das Meer und Casamicciola ➤ S. 60 geht es in Serpentinen hinunter in den Ort. *Fahr links auf den Corso Vittorio Emanuele,* der an den alten Thermen vorbeiführt. Nun besuchst du die

5 Thermen Belliazzi

5 Thermen Belliazzi **➤ S. 61** mit dem Wasser der renommierten Gurgitello-Quelle und kannst bei einer 15-Minuten-Massage entspannen. *Die Straße führt dann an den Thermen Manzi vorbei und bringt dich schließlich rechts auf die Via Principessa Margherita.* Die Rückfahrt längs der Küste nach Ischia Porto *verläuft über die ziemlich befahrene Hauptstraße SS 270.*

6 km 30 Min.

Allerschönste Klippenlage gibt's in Panza

REIN IN DIE FLUTEN

Gib das Rad wieder ab und belohn dich mit einem Bad im Meer: *In wenigen Gehminuten erreichst du über die Via Roma und die Via Francesco Buonocore* den Strand 6 Spiaggia di San Pietro ➤ S. 51.

3 WANDERUNG IN DIE SORGETO-BUCHT NACH SANT'ANGELO

- ➤ Über der Klippenlandschaft ein Picknick einlegen
- ➤ Im heißen Meer baden – in natürlichen Thermalquellen
- ➤ Entspannen im Sehnsuchtsort Sant'Angelo

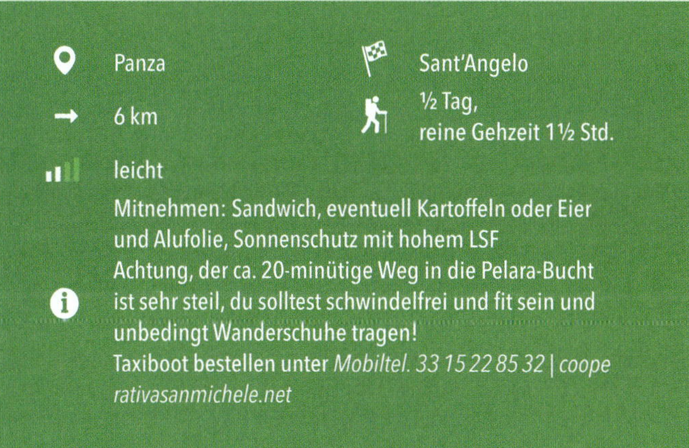

EINMALIGES KLIPPENPANORAMA

Die bei gutem Wetter wunderschöne Tour beginnt nach dem Frühstück in der Ortsmitte von 1 Panza ➤ S. 90. *Geh auf der Straße Richtung Baia di Sorgeto über die Via Madonna delle Grazie und folg dem Wegweiser nach rechts in den Pfad zur Baia della Pelara.* Du gelangst durch einen dichten Wald aus Steineichen und Heidekraut über in den Tuff geschlagene und mit Holz gepflasterte Treppen zu einer 2 Anhöhe auf der Klippe: Von hier aus hast du einen atemberaubenden Ausblick auf die Pelara-Bucht und das Meer. Ab jetzt kann es gefährlich werden, steig nur in die Bucht hinab, wenn du

feste Wanderschuhe trägst. Seile geben nur zwischendurch Halt, es geht an steilen Küstenabschnitten vorbei. Wenn du oben bleibst, kannst du hier beim Blick über die Klippenlandschaft dein mitgenommenes Sandwich rausholen und ein kleines Picknick machen. Schnupper mal: Vor allem im Mai und Juni verströmt die mediterrane Pflanzenwelt einen betörenden Duft.

NUR MIT WASSER GEKOCHT

❸ Sorgeto-Bucht

Geh danach den gleichen Weg wieder zurück, bis du zu einer Gabelung kommst, dort rechts abbiegen. Dieser Pfad (am Ende rund 200 Stufen) führt hinunter zur ❸ Sorgeto-Bucht ➤ S. 90. Genieß das Bad in den je nach Witterung heißen oder auch nur warmen Thermalquellen im Meer. Aber aufgepasst, in den von der Natur geschaffenen Kieselsteinbecken wirst du schnell braun. Lust auf einen salzigen Snack? In diesen heißen Quellen lassen sich auch (in etwa 30 Min.) Kartoffeln und Eier kochen.

ZUM APERITIVO IN DIE STRANDBAR

Anschließend nimmst du ein Taxiboot *(ca. alle 30 Min. | 6 Euro/Person)* für die etwa 15-minütige Fahrt nach

④ Sant'Angelo ➤ S. 96 und kehrst auf einen Aperitif ein in der Loungebar des Strandbads Lido del Sole *(März–Okt. tgl. | Via Nazario Sauro | Mobiltel. 33 88 26 08 56 | €€–€€€)*. Die elegante Strandbar in der Bucht serviert leckere Drinks und Snacks und ist wunderbar zum Entspannen!

④ RUNDGANG ÜBER DIE NACHBARINSEL CAPRI

- ➤ Showtime in Capri-Stadt erleben
- ➤ Die kulturellen Topziele der Insel erkunden
- ➤ Eintauchen in das magische Licht der Blauen Grotte

Marina Grande

Lo Smeraldo

34 km

2 Tage, reine Gehzeit 5 Std.

leicht

Schnellboote nach Capri unter *capri.com/en/ferry-schedule*, Kosten 36–40 Euro, Fahrtdauer 40 Min.–1 Std.
Im Touristbüro im Campanile an der Piazzetta bekommst du einen Inselplan und erfährst die aktuellen Öffnungszeiten der Villa Jovis.
Busse fahren alle 15 Min., Einzelfahrt 2,40 (am Ticketschalter), 2,90 (im Bus)

FUNICULÌ, FUNICULÀ!

Deine Capri-Tour beginnt in ① Marina Grande, wo du die *funicolare (Standseilbahn | 2,40 Euro) hinauf nach* Capri-Stadt nimmst. Tickets gibt es etwas versteckt rechts von der Hauptmole.

Auf der ② Piazzetta zeigt sich tagsüber ein buntes Durcheinander: Egal, wohin man in Capri-Stadt will – man muss über diesen Platz gehen, der das „Wohnzimmer" der Insel darstellt. Abends kannst du dich richtig

③ Chiesa Santo Stefano

in Schale werfen: Auf der Piazzetta ist Showtime, wenn die Tagestouristen wieder abgefahren sind. Rechts des Platzes liegt die barocke ③ Chiesa Santo Stefano, eine typisch süditalienische Dorfkirche. Eine Besonderheit ist der kostbare Marmorfußboden aus der Antike, er stammt aus einer von Capris Kaiservillen (zu sehen am Haupt- und am linken Seitenaltar).

2,5 km 50 Min.

ZU KAISERLICHEN RUINEN SPAZIEREN

Nimm die schmale Gasse gegenüber der Kirchentreppe, die Via Longano, und folg immer bergauf den Hinweisschildern „Villa Jovis". Nach ca. 50 Min. bist du auf dem Tiberiushügel, der sich über den östlichen Rücken der Insel erstreckt. Hier wohnen die meisten der ca. 6900 Ew. von Capri-Stadt. Die ④ Villa Jovis ist eine der angeblich zwölf Villen, die der römische Kaiser Tiberius zwischen 27 und 37 n. Chr. auf Capri bauen ließ. Die Ruinen der Fundamente zeigen: Es muss ein spektakuläres Gebäude mit an manchen Stellen bis zu acht Stockwerken gewesen sein. Spektakulär geblieben ist die einmalige Aussicht vom 334 m hohen Monte Tiberio auf den Golf von Neapel, die Landspitze Punta Campanella und den östlich gelegenen Golf von Salerno. Auf dem Rückweg kannst du z. B. in dem an die Villa Jovis anschließenden, etwas versteckt liegenden Parco Astarita Rast machen – das Panorama ist einmalig.

④ Villa Jovis

3 km 2 Std.

UND DANN FARAGLIONI GUCKEN

Wieder zurück auf der Piazzetta bietet sich – nach angemessener Pause und vielleicht einem *panino alla caprese* – ein Abstecher an zu den an schönen Ausblicken aufs Meer reichen ⑤ Giardini di Augusto *(Eintritt 1 Euro): an der Kirche Santo Stefano entlang immer bergab, am luxuriösen Hotel Quisisana vorbei.* Diese 1902 angelegten Gärten wurden vom deutschen Stahlmagnaten und Capri-Liebhaber Friedrich Alfred Krupp (1854–1902) angeregt und zum Teil finanziert, ebenso wie ein Teil der daneben beginnenden, aussichtsreichen Via Krupp, die seit 2023 jährlich von Juni bis September und um Weihnachten geöffnet ist. Im Meer siehst du von hier aus die Faraglioni, riesige Felsbrocken, die neben der Blauen Grotte das Wahrzeichen der

⑤ Giardini di Augusto

500 m 10 Min.

Insel sind. Übrigens: Nur auf den beiden äußersten im Meer gelegenen Faraglioni lebt bis heute die weltweit einzigartige *lucertola azzurra,* die blaue Eidechse, die dir als Souvenir aus Keramik überall begegnen wird.

WO BEYONCÉ, HEIDI KLUM & CO. SHOPPEN

In Capri-Stadt musst du auf dem Weg zurück unbedingt die 6 **Via Camerelle** besuchen. Hier konzentrieren sich die Boutiquen aller angesagten internationalen Modedesigner. Auch die 7 **Via Vittorio Emanuele**, *die zurück auf die Piazzetta führt,* ist mit ihren Juwelieren und Kunstgalerien ein teures und dazu historisch interessantes Pflaster: Das **Hotel La Palma** war im frühen 19. Jh. das erste Hotel der Insel, und weil hier bevorzugt deutsche Reisende abstiegen, wurde die Straße Ende des 19. Jhs. als Hommage an die deutschen Gäste vorübergehend umbenannt in Via Hohenzollern (bis 1918).

Zum Abendessen bietet sich *das im Campanile direkt über der Piazzetta* etwas versteckt gelegene Restaurant 8 **Pulalli** *(April–Okt. Mi–Mo, unbedingt reservieren |*

6 Via Camerelle

200 m 3 Min.

7 Via Vittorio Emanuele

500 m 5–10 Min.

8 Pulalli

Lage, Lage, Lage galt schon bei den Römern in der Antike: Ausblick von der Villa Jovis

1 km 20 Min.

9 Villa Brunella

Piazza Umberto I 4 | Tel. 08 18 37 41 08 | €€–€€€) an. *Im Süden des Orts* schließlich liegt ein bezauberndes familiengeführtes Hotel: die 9 **Villa Brunella** *(villabrunella.it)*. Dort übernachtest du in toller Lage mit Pool, Blick auf Marina Piccola und hausgemachter Marmelade zum Frühstück.

TAG 2

4,5 km 25 Min.

NACH ANACAPRI DÜSEN

Am nächsten Morgen fährst du am besten schon kurz vor 9 Uhr mit dem Bus nach **Anacapri**. Windschnittiger wird es, wenn du für die Strecke eins der Capri-typischen Cabrio-Taxis nimmst *(Fahrt ab 22 Euro)*. Der zweite Inselort (7000 Ew.) ist ländlicher als Capri-Stadt, hier haben die Häuser auch Gärten. *Steig an der Piazza Vittoria aus und geh über die Via Capodimonte* zu Axel Munthes einstiger 10 **Villa San Michele** *(Nov.–Feb. tgl. 9–15.30, März 9–16.30, April u. Okt. 9–17, Mai–Sept. 9–18 Uhr | Viale Axel Munthe 34)*. Der schwedische Arzt (1857–1949), der als Autor von „Das Buch von San Michele" berühmt wurde, baute sich seine Traumvilla mit herrlicher Aussicht auf den Golf von Neapel. Heute ist sie ein Museum, gefüllt mit den von Munthe auf unzähligen Reisen zusammengetragenen Antiquitäten, darunter antike römische Funde.

10 Villa San Michele

5 km 15 Min.

ENDLICH: AUF ZUR BLAUEN GROTTE

11 Grotta Azzurra

Was wäre Capri ohne einen Besuch der 11 **Grotta Azzurra**, der berühmten Blauen Grotte? Das durch eine Öffnung unterhalb des Meeresspiegels in die Höhle dringende Sonnenlicht bricht sich am kalksteinhellen Meeresboden und bringt das Wasser strahlend blau zum Leuchten (am intensivsten um die Mittagszeit). *Geh dazu die Hauptverkehrsstraße Via Tommaso de Tommaso weiter bis zum Friedhof und fahr von da aus mit dem Bus die Via Grotta Azzurra hinunter: Dort gelangst du über die Treppe hinab zur Mole,* wo du von den Bootsführern der Blauen Grotte abgeholt wirst *(Kosten 18 Euro)*.

6,5 km 35 Min.

Nach dem Bootstrip *zurück in der Ortsmitte an der Bushaltestelle Grotta Azzurra,* fragst du Passanten nach dem Fußweg zur Migliera und gehst dann rechts und immer

geradeaus (falls du zu müde bist, ruf vorher im Restaurant Da Gelsomina an und lass dich an der Piazza Caprile abholen, die nur wenige Meter weiter auf der Hauptstraße liegt). Es erwartet dich eine Oase der Entspannung: Vor dem Aussichtspunkt liegt das Restaurant ⓬ **Da Gelsomina** *(15. März–1. Nov. tgl. | Via Migliera 72 | Tel. 08 18 37 14 99 | €–€€)*, benannt nach dem im Frühjahr hier überall blühenden Jasmin. Gönn dir ein kurzes, erfrischendes Bad im einladenden Pool, von dem aus du einen tollen Blick übers Meer auf Ischia hast.

HOCH OBEN ÜBER CAPRI LOUNGEN

Der Shuttlebus des Restaurants bringt dich wieder zur Piazza Vittoria, dort nimmst du die funivia (Sesselbahn | 11 Euro) und lässt dich in knapp 20 Minuten auf den ⓭ **Monte Solaro** bringen, den mit 589 m höchsten Berg der Insel, auf dem es eine Cafébar mit Loungesesseln gibt. *Mit dem Direktbus fährst du anschließend zurück nach Marina Grande.* Im Strandbad ⓮ **Lo Smeraldo** (neben der Bushaltestelle) hast du bei einem Aperitif den besten Blick auf den Horizont, „wenn bei Capri die rote Sonne im Meer versinkt“. Verpass aber bloß nicht dein Schiff zurück nach Ischia!

GUT ZU WISSEN

DIE BASICS FÜR DEINEN URLAUB

ANKOMMEN

Adapter Typ L und C

Für Schukostecker musst du einen Reiseadapter mitbringen. Eurostecker passen in alle Steckdosen.

ANREISE

Der Flughafen von Neapel ist 10 km vom Hafen entfernt. Am Flughafen nimmst du entweder ein Taxi *(Festpreis 21 Euro inkl. Gepäck und Flughafengebühr, wenn du diesen bei Fahrtantritt mit „tariffa predeterminata" ankündigst | aeroportodinapoli.it/en/by-taxi)* oder den *Alibus (short.travel/isc19)* bis zur Schiffsanlegestelle Molo Beverello oder zum Hafen Calata Porta di Massa. Dieser Shuttlebus verkehrt täglich zwischen 5.10 und 23.48 Uhr alle 10–25 Minuten. Fahrkarten gibt es beim Fahrer *(5 Euro).*

Mit dem Auto erreichst du Neapel von München aus über Innsbruck, den Brenner, Verona, Rom, Pozzuoli. Von Basel aus über den Gotthard-Tunnel, Mailand, Rom, Pozzuoli. Von dort geht es mit der Autofähre nach Ischia (Ischia Porto oder Casamicciola). Will man von Neapel nach Ischia übersetzen, nimmt man die Autofähre im Hafen am Terminal *Calata Porta di Massa.*

Die Zugfahrt von München nach Neapel im Schlafwagen ist bequem. Nach ca. 14 Stunden kommt man mittags in Neapel an. *bahn.de* | *trenitalia.com*

Eine Fahrt nach Neapel mit dem Bus von München (mit einmal umsteigen) dauert zwischen 15 und 22 Stunden *(ab ca. 75 Euro* | *flixbus.de).*

In Neapel gibt es folgende Anlegestellen: den Hafen *Molo Beverello* für Schnellboote sowie *Calata Porta di Massa (ca. 1 km vom Molo Beverello entfernt, Shuttlebus vorhanden)* für

Vor der Felsküste von Lacco Ameno: Bootfahren gehört zum Ischia-Urlaub dazu

die preiswerteren und langsameren Autofähren. Die kürzeste und günstigste Fährverbindung nach Ischia ist die aus dem Hafen von *Pozzuoli*.
Die Schnellboote („Aliscafi") benötigen nach Ischia Porto 45 Min. *(Preis saisonbedingt ab 23 Euro/Pers., Koffer 2,10 Euro)*, Autofähren 1½ Std. *(Preis saisonbedingt ab 13 Euro/Pers.)*. Aliscafi nach Ischia gibt es auch von Sorrent aus (ca. 60 km südl. von Neapel). Abfahrtszeiten unter *traghetti-ischia.info*. Buchungen unter *caremar.it* | *medmargroup.it;* Schnellboote unter *snav.it/destinazioni/ischia* | *alilauro.it*. Trotz Onlinebuchung müssen manche Tickets am Schalter abgeholt werden.

AUSKUNFT VOR DER REISE

Infos zu Hotels, Restaurants, Veranstaltungen oder Fährverbindungen gibt der offizielle Ischia-Auftritt: *ischiaonline.it*. Die Italienische Zentrale für Tourismus (ENIT) informiert auf *enit.de* bzw. *enit.at*.

REISEZEIT

Ostern bis Juni und September bis Anfang November sind sicher von der Temperatur und vom Wetter her ideale Monate für eine Reise nach Ischia. Im Juli und im August dominieren Italiener die Hotels und Strände, darunter sehr viele Neapolitaner, die gerne auch etwas lauter sind. Biswei-

GRÜN & FAIR REISEN

Du willst beim Reisen deine CO_2-Bilanz im Hinterkopf behalten? Dann kannst du deine Emissionen kompensieren *(atmosfair.de; myclimate.org)*, deine Route umweltgerecht planen *(routerank.com)* oder auf Natur und Kultur *(gate-tourismus.de)* achten. Mehr über ökologischen Tourismus erfährst du hier: *oete.de* (europaweit); *germanwatch.org* (weltweit).

len gibt es auch im Winter sehr milde Temperaturen auf Ischia.

WEITERKOMMEN

BUSSE

Das Busnetz auf Ischia ist sehr gut ausgebaut. Allerdings haben die Busse mehr Steh- als Sitzplätze und sind nicht immer in bestem Zustand. Es gibt mehrere Buslinien, zwei davon erreichen alle Gemeinden: eine Linie, die im Uhrzeigersinn um die Insel fährt (CD), und eine gegen den Uhrzeigersinn (CS). In der Saison sind die Busse häufig überfüllt und halten deshalb oft nicht mehr. Sie starten in Ischia Porto. Busfahrplan: *short.travel/isc20*. Eine Alternative sind Sammeltaxis.

Neben dem normalen Fahrschein für 100 Min. *(1,80 Euro)* gibt es eine Einzelfahrkarte (ohne Umsteigen) für 1,50 Euro *(bei Kauf im Bus 2,50 Euro)* und eine Tageskarte für 4,50 Euro sowie ein 7-Tage-Ticket für 14,50 Euro. Fahrscheine kannst du in Tabakläden, in Bars, vielen Hotels und an Automaten kaufen. Info: *short.travel/isc10, short.travel/isc12*

MIETFAHRZEUGE

Bis auf das autofreie Sant'Angelo findest du in allen größeren Gemeinden Auto- und Motorrollerverleihe; auch die Touristikagenturen vermitteln, oder du reservierst dir schon von zu Hause aus z. B. deinen Fiat Panda *(ab ca. 50 Euro/Tag)* direkt zur Ankunft an den Hafen: *ischia-rentacar.it., autonoleggioinscooter.it.* Auch Smarts und – in begrenzter Zahl – Fiat Seicentos *(ab 40 Euro/Tag)* sind im Angebot. Die genannten Anbieter und *Noleggio Del Franco (Via Alfredo De Luca 131 und Via Iasolino 100 | Tel. 08 19 91 33 4 | noleggiodelfrancoischia.com)* vermieten auch Scooter *(Vespa 125 ab 30 Euro/Tag)* und E-Bikes *(ab 25 Euro/Tag)*.

IM URLAUB

FEIERTAGE

1. Jan.	Neujahr
6. Jan.	Dreikönigstag
März/April	Ostermontag
25. April	Tag der Befreiung vom Faschismus
1. Mai	Tag der Arbeit
2. Juni	Gründung der Republik
15. Aug.	Mariä Himmelfahrt
1. Nov.	Allerheiligen
8. Dez.	Mariä Empfängnis
25. Dez.	Weihnachten
26. Dez.	Tag des hl. Stephanus

INTERNET & WLAN

Fast alle Hotels auf Ischia haben WLAN, in Italien *Wifi* genannt. In Ischia Porto gibt es mehrere von der Gemeinde eingerichtete Hotspots, ausgeschildert als „Wifi-Hotspot".

ÖFFNUNGSZEITEN

Restaurants: Warme Küche gibt es von 12.30 bis 14.30 und von 19.30 bis 22 Uhr, im Sommer vielerorts auch bis Mitternacht. Die Italiener essen im Hochsommer erst nach 21 Uhr. Komm früher, wenn du es ruhiger magst.

FESTE & EVENTS

RUND UMS JAHR

MÄRZ/APRIL

Corsa dell' Angelo (Forio, Lacco Ameno und Casamicciola): „Engelslauf" am Ostersonntag, s. S. 86

'ndrezzata-Volkstanz (Kirchplatz Buonopane/Barano): Ostermontag abends

APRIL

Kammermusikkonzerte (Park La Mortella, Forio): Anfang April–Ende Juli

MAI

Fest der hl. Restituta (Lacco Ameno): mit Bootsprozession und Öllichtern auf dem Meer, 16.–18. Mai

JUNI

Fronleichnamsprozessionen

Fest des hl. Vitus (Forio): Volksfest und Prozession, 14.–16. Juni

Fest des hl. Johannes (Buonopane/Barano): mit Volkstanz *'ndrezzata*, 24. Juni

JULI

Ischia Global Fest (im Castello Aragonese): Filmfestival | *ischiaglobal.com*

Ischiafilmfestival, *ischiafilmfestival.it*

Fest der hl. Anna (Ischia Ponte): 26. Juli (Foto), s. S. 52

AUGUST

Salsicciata (Serrara Fontana): Wurst- und Weinfest, 1. Woche im Monat

Fest des hl. Alexander (von Ischia Ponte nach Ischia Porto): mit Umzug in historischen Kostümen, 26. Aug.

SEPTEMBER

Fest des hl. Johann Joseph (Ischia Ponte): Bootsprozession, 1. So und Mo

Andar per cantine: Weinfest, s. S. 86

Fest des Erzengels Michael (Sant'Angelo): 29. und 30. Sept., s. S. 98

Konzerte Sa/So im Park La Mortella (Forio), auch noch im Oktober

DEZEMBER

Ausstellung neapolitanischer Weihnachtskrippen (größte Kirchen der Insel und viele Hinterhöfe an der Via Luigi Mazzella in Ischia Ponte): 8. Dez.–6. Jan.

Geschäfte sind zumeist geöffnet von Ostern bis Ende Oktober täglich 9–13 und 17–22, sonst Mo–Sa 9–13 und 16–20 Uhr (Lebensmittelgeschäfte auch Sonntagvormittag).

POST

Briefmarken gibt es auch in Tabakläden. Postkarten und Briefe in die EU/die Schweiz kosten 1,30 Euro Porto.

WAS KOSTET WIE VIEL?

Espresso	ab 1,20 Euro *für eine Tasse an der Bartheke*
Bruschetta	4 Euro *für die Vorspeise*
Souvenir	12 Euro *für eine Flasche Limoncello (70 cl)*
Wein	ab 4 Euro *für ein Glas*
Thermalbad	18–65 Euro *für den Eintritt*
Busfahrt	4,50 Euro *für eine Tageskarte*

PREISE/GEBÜHREN & BANKEN

Ischia unterscheidet sich in allen Bereichen kaum vom deutschen Preisniveau. 20 Minuten Massage können 35 Euro kosten. Jede Menge Taxis bieten ihre Dienste an, aber handele unbedingt vorher den Preis aus – die Fahrt von Ischia Porto nach Forio-Porto kostet z. B. 27 Euro. Info: *short.travel/isc17*

In der Hochsaison vermieten die meisten Hotels ihre Zimmer nur mit Halbpension. Frag bei der Buchung in der Nebensaison nach Vergünstigungen.

Die Fremdenverkehrssteuer auf Ischia beträgt 1–4 Euro je nach Hotelkategorie pro Tag und Person, maximal 7 Nächte und bis 18 Jahre frei.

Banken mit Geldautomaten sind flächendeckend vorhanden.

STRÄNDE

Ischia ist eine Badeinsel, wobei man wohl zunächst an die Thermalbäder denkt. Es gibt aber schöne Sandstrände an allen Küstenabschnitten. Die San-Montano-Bucht in Lacco Ameno bietet einen herrlichen Strand, schön ist auch der lange Maronti-Strand im Inselsüden. Ebenso legendär wie schmal ist der einzige Strand in Sant'Angelo. Zumeist gelten folgende Tarife in den Strandbädern: Eintritt mit Nutzung der Umkleide ab 3 Euro, Liegestuhl ab 6 Euro, Liege ab 10 Euro, Sonnenschirm ab 6 Euro. Oder du bringst ein Handtuch mit und gehst zu einer *spiaggia libera,* einem freien Strand wie dem Cava dell'Isola in Forio.

TELEFON & HANDY

Vorwahl nach Italien 0039, von Italien nach Deutschland 0049, nach Österreich 0043, in die Schweiz 0041.

Die 081 ist fester Bestandteil jeder Festnetznummer und darf auch bei Anrufen aus dem Ausland nicht entfallen. Innerhalb der EU fallen keine Roaminggebühren mehr an. Prepaid-Karten gibt es im *tabaccaio* (T) vor Ort, günstig bieten sie auch die italienischen Mobilfunkbetreiber TIM, Vodafone, Iliad und WindTre an.

ZOLL

Waren für den privaten Verbrauch dürfen innerhalb der EU zollfrei mitgeführt werden. Die Grenzen dafür liegen u. a. bei 800 Zigaretten, 20 l Spirituosen unter 22 Vol.-% und 10 l Spirituosen über 22 Vol.-% pro Person. Für Schweizer gelten andere Höchstgrenzen: z. B. 250 Zigaretten, 5 l Wein oder 1 l Spirituosen über 18 Prozent. Infos: *zoll.de, ezv.admin.ch*

NOTFÄLLE

DIPLOMATISCHE VERTRETUNGEN

- *Deutsche Botschaft: Via San Martino della Battaglia 4 | 00185 Rom | Tel. 06 49 21 31 | italien.diplo.de*
- *Österreichische Botschaft: Via Giovanni Battista Pergolesi 3 | 00198 Rom | Tel. 06 84 40 141 | bmeia.gv.at/oeb-rom*
- *Schweizer Botschaft: Via Barnaba Oriani 61 | 00197 Rom | Tel. 06 80 95 71 | short.travel/isc21*

GESUNDHEIT

Empfehlenswert ist der Abschluss einer Reisekrankenversicherung. Durch den Thermalbetrieb ist Ischia gut mit Ärzten versorgt, viele sprechen deutsch. Für eine Akutversorgung gibt es auch ein Krankenhaus. Infos: *fit-for-travel.de*

NOTRUFE

Unfall/Polizei (europäische Notfallnummer) Tel. 1 12; Polizei Tel. 1 13
Feuerwehr Tel. 1 15
Erste Hilfe Tel. 1 18
Carabinieri (Ischia Porto | Via Casciaro 20 | Tel. 0 81 99 10 01)
Pannenhilfe Automobilclub Italien (Tel. 80 31 16 | Mobiltel. 8 00 11 68 00 | aci.it)

WETTER IN ISCHIA

Hauptsaison
Nebensaison

	JAN.	FEB.	MÄRZ	APRIL	MAI	JUNI	JULI	AUG.	SEPT.	OKT.	NOV.	DEZ.
Tagestemperaturen	11°	12°	15°	18°	22°	27°	29°	29°	26°	21°	17°	13°
Nachttemperaturen	6°	6°	8°	11°	14°	18°	20°	20°	18°	14°	11°	7°
Sonnenschein Stunden/Tag	4	4	5	7	8	10	11	10	7	6	5	5
Niederschlag Tage/Monat	10	9	8	7	6	4	2	3	6	9	11	12
Wassertemperatur in °C	14	13	14	15	18	21	24	25	23	21	18	16

Sonnenschein Stunden/Tag · Niederschlag Tage/Monat · Wassertemperatur in °C

SPICKZETTEL ITALIENISCH

SMALLTALK

Ein Akzent steht im Italienischen nur, wenn die letzte Silbe betont wird. Ansonsten haben wir die Betonung durch einen Punkt unter dem betonten Vokal angegeben.

ja/nein/vielleicht	sì/no/fọrse
bitte/danke	per favọre/grạzie
Entschuldige!/Entschuldigen Sie!	Scụsa!/Scụsi!
Wie bitte?	Cọme dịce?/Prẹgo?
Gute(n) Morgen!/Tag!/Abend!/Nacht!	Buọn giọrno!/Buọn giọrno!/Buọna sẹra!/Buọna nọtte!
Hallo!/Tschüss!/Auf Wiedersehen!	Ciạo!/Ciạo!/Arrivedẹrci!
Ich heiße …	Mi chiạmo …
Wie heißen Sie?/Wie heißt du?	Cọme si chiạma?/Cọme ti chiạmi?
Ich möchte …/Haben Sie …?	Vorrẹi …/Avẹte …?
Das gefällt mir (nicht).	(Non) mi piạce.
gut/schlecht	buọno/cattịvo

ZEIGEBILDER

ESSEN & TRINKEN

Die Speisekarte, bitte.	Il menù, per favọre.
Flasche/Karaffe/Glas	bottịglia/carạffa/bicchiẹre
Messer/Gabel/Löffel	coltẹllo/forchẹtta/cucchiạio
Salz/Pfeffer/Zucker	sạle/pẹpe/zụcchero
Essig/Öl/Milch/Sahne/Zitrone	acẹto/ọlio/lạtte/pạnna/limọne
mit/ohne Eis/Kohlensäure	con/sẹnza ghiạccio/gas
kalt/versalzen/nicht gar	frẹddo/trọppo salạto/non cọtto
Vegetarier(in)/Allergie	vegetariạno/vegetariạna/allergịa
Ich möchte zahlen, bitte.	Vorrẹi pagạre, per favọre.
Rechnung/Quittung/Trinkgeld	cọnto/ricevụta/mạncia
bar/Kreditkarte	in contạnti/cạrta di crẹdito

NÜTZLICHES

Wo finde ich ...?	Dọve pọsso trovạre ...?
links/rechts/geradeaus	sinịstra/dẹstra/drịtto
Wie viel Uhr ist es?	Che ọra è? Che ọre sọno?
Es ist drei Uhr./Es ist halb vier.	Sọno le tre./Sọno le tre e mẹzza.
heute/morgen/gestern	ọggi/domạni/iẹri
Wie viel kostet ...?	Quạnto cọsta ...?
zu viel/viel/wenig/alles/nichts	trọppo/mọlto/pọco/tụtto/niẹnte
teuer/billig/Preis	cạro/econọmico/prẹzzo
Wo finde ich einen Internetzugang/ WLAN?	Dọve trọvo un accẹsso ịnternet/ wi-fi?
offen/geschlossen	apẹrto/chiụso
kaputt/funktioniert nicht	guạsto/non funziọna
Panne/Werkstatt	guạsto/officịna
Fahrplan/Fahrschein	orạrio/bigliẹtto
Zug/Gleis/Bahnsteig	trẹno/binạrio/banchịna
Hilfe!/Achtung!/Vorsicht!	Aiụto!/Attenziọne!/Prudẹnza!
Verbot/verboten/Gefahr/gefährlich	diviẹto/vietạto/perịcolo/ pericolọso
Apotheke	farmacịa
Fieber/Schmerzen	fẹbbre/dolọri
0/1/2/3/4/5/6/7/8/9/10/ 100/1000	zẹro/ụno/dụe/tre/quạttro/cịnque / sẹi/sẹtte/ọtto/nọve/diẹci/cẹnto/ mịlle

LESESTOFF & FILMFUTTER

DER POSTMANN (IL POSTINO)

Der Klassiker (1994) von Michael Radford erzählt die Geschichte eines einfachen Postboten, der große Träume hat. Hintergrund ist der Exil-Aufenthalt von Pablo Neruda auf Capri und Ischia. Gedreht wurde jedoch auf Procida und Salina. Großartig sind Philippe Noiret und der von den Neapolitanern hochverehrte Massimo Troisi

MEINE GENIALE FREUNDIN

Elena Ferrantes „Neapolitanische Saga" (2011–2014) führt auch nach Ischia: Im ersten und zweiten Band ihres megaerfolgreichen Romanzyklus geht es u. a. an den Maronti-Strand. Lust auf die Reise macht auch die Serienverfilmung – bei den Inselszenen haben die Ischitaner mit Herzblut als Komparsen mitgewirkt. Die Locations stehen auf *short.travel/isc18*

DER TALENTIERTE MR. RIPLEY

Spannendes Remake (1999) des Patricia-Highsmith-Thrillers von Anthony Minghella. Hochkarätig besetzt mit Matt Damon, Jude Law, Cate Blanchett und Gwyneth Paltrow. Die Schauplätze: Ischia und Procida. 1960 hatte René Clément hier denselben Stoff mit Alain Delon verfilmt

PLAYLIST QUERBEET

0:58

GIACOMO RONDINELLA – ISCHIA MIA
Die Liebeserklärung an die Insel ist über 70 Jahre alt

ANTONIO BASURTO – ISCHIA, PAROLE E MUSICA
Kult-Schmachtsong aus den 50ern

RUDI SCHURICKE – CAPRI-FISCHER
„Wenn bei Capri die rote Sonne im Meer versinkt ...“ Hmmm, von Capri aus gesehen geht die Sonne ja hinter Ischia unter! Der Klassiker läuft im Sommer aber auch in Ischias Trattorien rauf und runter

AL BANO UND ROMINA POWER – FELICITÀ
Der kultige Schmachtsong trifft es: Auf Ischia kannst du glücklich sein

PINO DANIELE – ISCHIA SOLE NASCENTE
Eine Hommage an die Lieblingsinsel der Neapolitaner

Den Soundtrack zum Urlaub gibt's auf **Spotify** unter **MARCO POLO Italy**

Oder Code mit Spotify-App scannen

AB INS NETZ

WAS LÄUFT
Wenn etwas los ist auf Ischia, dann findest du hier die Infos darüber: *ischia4punto0.it*

PITHECUSA.COM
Private Website mit vielen interessanten Details zu Inselorten, Festen, Ausflugsmöglichkeiten sowie nützliche Infos zu Fahrplänen und Abfahrtszeiten

AUGENSCHMAUS
Aufwendig produzierter Film über Ischia, seine Geschichte und Sehenswürdigkeiten. Nur auf Italienisch, doch das macht gar nichts: Die Bilder sprechen für sich! *short.travel/isc1*

ISCHIA-BLOG.DE
Von einer Ischitanerin liebevoll geschriebener Blog mit vielen Informationen über die Insel (in deutscher Sprache)

PORTANAPOLI.DE
Sorgfältig recherchierte deutsche Website mit Links für Ischia, Capri, Procida (Inselgeschichte, allgemeine Tipps) und auch Neapel, bestens geeignet, um Tipps für einen Tagesausflug zu finden

TRAVEL PURSUIT

DAS MARCO POLO URLAUBSQUIZ

Weißt du, wie Ischia tickt? Teste hier dein Wissen über die kleinen Geheimnisse und Eigenheiten von Land und Leuten. Die Lösungen findest du in der Fußzeile. Und ganz ausführlich auf den S. 20–25.

❶ Wofür ist Ischia berühmt?
a) für seine weißen Strände
b) für seine Grotten
c) für seine Thermalquellen

❷ Warum liegt Aenaria heute unter Wasser?
a) Weil die Fundamente zusammengebrochen sind.
b) Weil der Meeresspiegel vor 2000 Jahren tiefer lag.
c) Weil die Insel gesunken ist.

❸ Wie heißt die Frucht der Opuntienkakteen?
a) Ficus Fico
b) Opuntienfrucht
c) Kaktusfeige

❹ Was sind *parracine*?
a) eine ischitanische Süßspeise
b) typisch ischitanische Fumarolen
c) Trockenmauern aus groben Lava- oder Tuffsteinen

❺ Wen auf Ischia nennen die Winzer vom Festland „verrückte Engel"?
a) Diejenigen, die beim Engelslauf in Forio schnell hin- und herrennen.
b) Die ischitanischen Winzer, die Wein an den steilen Hängen der Insel anbauen.
c) die Engelsfiguren auf der Meeresprozession am Michaelstag

Lösungen: 1c, 2b, 3c, 4c, 5b, 6b, 7a, 8c, 9b, 10a, 11a

Kakteen gedeihen auf Ischia prächtig – fragt sich nur noch, wie deren Früchte heißen

❻ Wodurch hat sich der englische Komponist William Walton auf Ischia unsterblich gemacht?

a) Er hat der Insel eine Oper gewidmet.
b) Sein paradiesischer Garten ist eine der bedeutendsten Sehenswürdigkeiten der Insel geworden.
c) Er hat die größte Kirche der Insel gestiftet.

❼ Welche Inselgemeinde hat die meisten Kirchen?

a) Forio
b) Casamicciola
c) Ischia Ponte

❽ Was sind Fumarolen?

a) Dampfschwaden frühmorgens über dem Meer
b) antike Grabbeigaben
c) Stellen in der Erde, aus denen heiße Wasserdämpfe ausströmen

❾ Was haben die neapolitanischen Bourbonenkönige gerne auf Ischia gejagt?

a) Amseln
b) Wachteln
c) Truthähne

❿ Wie heißt der berühmte aus Ischia stammende Rotwein?

a) Per'e Palummo
b) Falanghina
c) Forastera

⓫ Woher kommt das Trinkwasser auf Ischia?

a) Vom Festland. Seit 1958 kommt es durch eine Pipeline auf die Insel.
b) Die Ischitaner gewinnen ihr Trinkwasser aus dem einzigen Fluss der Insel, dem Soler.
c) Regenwasser wird über die Dächer aufgefangen und in unterirdischen Zisternen gesammelt.

REGISTER

LOB ODER KRITIK? WIR FREUEN UNS AUF DEINE NACHRICHT!

Trotz gründlicher Recherche schleichen sich manchmal Fehler ein. Wir hoffen, du hast Verständnis, dass der Verlag dafür keine Haftung übernehmen kann.

MARCO POLO Redaktion • MAIRDUMONT • Postfach 31 51
73751 Ostfildern • info@marcopolo.de

Impressum
Titelbild: Castello Aragonese (Schapowalow: D. Erbetta)
Fotos: huber-images: M. Angeli (66/67), M. Borchi (60/61, 99, 102), L. Da Ros (84/85, 107), D. Erbetta (71), G. Gräfenhain (26/27), G. Greco (Klappe hinten, 14/15, 86), J. Huber (88), M. Mastrorillo (121), V. Sciosia (13), G. Simeone (55); Laif: Celentano (52), S. Henkelmann (45); Look/age fotostock (29); mauritius images: J. Clasen (118/119), J. Warburton-Lee (32/33); mauritius images : J. Clasen (49); mauritius images/Alamy (46, K. Britland (115), A. Eastland (25), R. John (62), MARKA (91), G. Masci (22), L. Muzyka (28/29); mauritius images/Alamy/Alamy Stock Photos: P. Dudeck (56/57), P. Dudek (16/17); mauritius images/Alamy/Alamy Stock Photos/Kess16 (2/3); mauritius images/Alamy/De Agostini/ Universal Images Group North America LLC (21); mauritius images/Alamy/GoneWithTheWind (33); mauritius images/Alamy/MARKA (64); mauritius images/CuboImages (10, 12, 36/37, 104/105); mauritius images/CuboImages: G. Greco (51); mauritius images/Hemis.fr: R. Mattes (6/7); mauritius images/imagebroker: K. F. Schöfmann (72); mauritius images/photononstop: B. Bacou (126/127); mauritius images/Westend61: Bernados (128/129); Shutterstock: Massimo Buonaiuto (101), Balate Dorin (40/41, 76/77, 92/93), Diego Fiore (96), Iacomino Frimages (74), Karel Gallas (110), Ginobelisk (Klappe vorne außen, Klappe vorne innen, 1); shutterstock: Nikiforov Alexander (34/35); Shutterstock/esherez (11); Shutterstock/GoneWithTheWind (8/9, 81); S. Sonnentag (131)

15., aktualisierte Auflage 2024

Autorinnen: Bettina Dürr (Tour 1), Stefanie Sonnentag
Redaktion: Franziska Kahl
Bildredaktion: Gabriele Forst
Kartografie: © 2024 KOMPASS-Karten GmbH, A-6020 Innsbruck; MAIRDUMONT, D-73751 Ostfildern (S. 38-39, 106, 109, 112, 117, Umschlag außen, Faltkarte); © 2024 KOMPASS-Karten GmbH, kompass.de unter Verwendung von © OpenStreetMap Contributors, osm.org/copyright (S. 42–43, 58–59, 68–69, 78–79, 82, 94–95)
Als touristischer Verlag stellen wir bei den Karten nur den De-facto-Stand dar. Dieser kann von der völkerrechtlichen Lage abweichen und ist völlig wertungsfrei.
Gestaltung Cover, Umschlag und Faltkartencover: bilekjaeger_Kreativagentur mit Zukunftswerkstatt, Stuttgart; Gestaltung Innenlayout: Langenstein Communication GmbH, Ludwigsburg
Spickzettel: in Zusammenarbeit mit PONS Langenscheidt GmbH, Stuttgart
Texte hintere Umschlagklappe: Lucia Rojas
Konzept Coverlines: Jutta Metzler, bessere-texte.de

Printed in Poland

MARCO POLO AUTORIN
STEFANIE SONNENTAG
Wenn andere am Wochenende aufs Land fahren, nimmt die Journalistin ein Schiff und fährt auf die grüne Insel: Ischia hat Stefanie Sonnentag vor Jahren entdeckt, als es ihr in Neapel zu laut wurde. Entspannt Motorrad fahren, aufs Meer gucken und im heißen Dampf relaxen. Am liebsten in der Cava Scura. Die Krönung danach? Ein Bad am Maronti-Strand, ein alkoholfreier Longdrink an der Strandbar und der Blick auf den Horizont.

BLOSS NICHT!

FETTNÄPFCHEN UND REINFÄLLE VERMEIDEN

IN BADESACHEN BUMMELN GEHEN

Es mag bequem sein, gern gesehen ist es aber nicht, wenn du nach dem Strandtag in Badehose oder im Bikini mit übergeworfenem Handtuch noch zum Shoppen über die Flaniermeilen der Orte schlenderst. Ischitaner machen sich für den Bummel zur Aperitifzeit extra schick – lass dich davon inspirieren, es macht Spaß!

EINFACH EINEN TISCH BESETZEN

Bei uns ist es üblich, auf Ischia aber keineswegs: Steuere im Restaurant nie von allein einen Tisch an. Der Kellner trifft hier die Tischwahl und kommt dir sicher entgegen, falls du einen anderen Platz bevorzugst.

WEGWEISERN VERTRAUEN

Unterwegs wirst du häufig vergeblich nach einer klaren, zuverlässigen Beschilderung suchen. Am wenigsten sind die Entfernungsangaben der Hinweisschilder zu den in Weinbergen verborgenen Trattorien glaubwürdig: Liest du z.B. 300 m oder 500 m, dann kalkulier ruhig das Doppelte. Nicht ärgern – freu dich auf ein leckeres Essen in der Natur!

ISCHIA FÜR EINE KLEINE INSEL HALTEN

Glaub bloß nicht, Ischia wäre eine kleine, überschaubare Insel: Einmal auf Entdeckungstour, findest du bei jedem Besuch neue bezaubernde Ecken, sei es in den Bergen, in Ischia-Stadt oder in und bei den Küstenorten.

IMMER CAPPUCCINO TRINKEN

Italiener verstehen nicht, dass die Deutschen nach dem Essen Cappuccino bestellen. Gerade den Wirten, die sich viel Mühe mit einer ausgefeilten Küche geben, dreht sich der Magen um, wenn ihre Gäste nach der Fischsuppe einen Cappuccino ordern. Italiener trinken ihn nur zum Frühstück – nach dem Essen gibt es einen *caffè!*